会社別就活ハンドブックシリーズ

2025

大和ハウス工業の
就活ハンドブック

就職活動研究会 編
JOB HUNTING BOOK

は じ め に

　2021年春の採用から，1953年以来続いてきた，経団連（日本経済団体連合会）の加盟企業を中心にした「就活に関するさまざまな規定事項」の規定が，事実上廃止されました。それまで卒業・修了年度に入る直前の3月以降になり，面接などの選考は6月であったものが，学生と企業の双方が活動を本格化させる時期が大幅にはやまることになりました。この動きは2022年春そして2023年春へと続いております。

　また新型コロナウイルス感染者の増加を受け，新卒採用の活動に対してオンラインによる説明会や選考を導入した企業が急速に増加しました。採用環境が大きく変化したことにより，どのような場面でも対応できる柔軟性，また非接触による仕事の増加により，傾聴力というものが新たに求められるようになりました。

　『会社別就職ハンドブックシリーズ』は，いわゆる「就活生向け人気企業ランキング」を中心に，当社が独自にセレクトした上場している一流・優良企業の就活対策本です。面接で聞かれた質問にはじまり，業界の最新情報，さらには上場企業の株主向け公開情報である有価証券報告書の分析など，企業の多角的な判断・研究材料をふんだんに盛り込みました。加えて，地方の優良といわれている企業もラインナップしています。

　思い込みや憧れだけをもってやみくもに受けるのではなく，必要な情報を収集し，冷静に対象企業を分析し，エントリーシート作成やそれに続く面接試験に臨んでいただければと思います。本書が，その一助となれば幸いです。

　この本を手に取られた方が，志望企業の内定を得て，輝かしい社会人生活のスタートを切っていただけるよう，心より祈念いたします。

就職活動研究会

Contents

第1章

大和ハウス工業の会社概況

会社によって選考方法は千差万別。面接で問われる内容や採用スケジュールもバラバラだ。採用試験ひとつとってみても，その会社の社風が表れていると言っていいだろう。ここでは募集要項や面接内容について過去の事例を収録している。

また，志望する会社を数字の面からも多角的に研究することを心がけたい。

✔ 理念体系

■企業理念

一．事業を通じて人を育てること

一．企業の前進は先づ従業員の生活環境の確立に直結すること

一．近代化設備と良心的にして誠意にもとづく労働の生んだ商品は社会全般に貢献すること

一．我々の企業は我々役職員全員の一糸乱れざる団結とたゆまざる努力によってのみ発展すること

一．我々は相互に信頼し協力すると共に常に深き反省と責任を重んじ積極的相互批判を通じて生々発展への大道を邁往すること

■経営ビジョン

心を，つなごう

私たちは，「人・街・暮らしの価値共創グループ」として，お客様と共に新たな価値を創り，活かし，高め，人が心豊かに生きる社会の実現を目指します。

そして，お客様一人ひとりとの絆を大切にし，生涯にわたり喜びを分かち合えるパートナーとなって，永遠の信頼を育みます。

■社員憲章

私たちは，「人・街・暮らしの価値共創グループ」の社員として

一．品質，技術，情報力の向上に努め，環境に配慮した安全で確かな商品，安らぎとくつろぎの空間を提供します。

一．誠意をもってお客様と向き合い，感動と喜びを分かち合います。

一．社会規範に基づく公明正大な行動により，社会的評価を高め，企業価値の向上に努めます。

一．感謝の気持ちを忘れず，公正であることに努め，取引先と共に成長・発展を図ります。

一．仕事を通じて自らの成長と幸せを追求します。

一．「共創共生」を基本姿勢に，心豊かに生きる暮らしと社会の実現を目指します。

✔ 会社データ

本社所在地	大阪市北区梅田3丁目3番5号
電話/FAX	06-6346-2111／06-6342-1399
創業	1955年4月5日（設立1947年3月4日））
代表者	代表取締役社長　芳井　敬一
資本金	1,619億5,715万2,677円
従業員数※	連結：49,768人（2023年3月31日） 単体：16,093人（2023年3月31日）
決算期	毎年3月31日
売上高	連結：4,908,199百万円（2023年3月期） 単体：2,006,066百万円（2023年3月期）
上場証券取引所	東京証券取引所プライム市場

※有期契約者を除いた人数です。

✔ 仕事内容

総合職（営業系）

住宅営業

「家を建てたい」とお考えのお客様にアプローチし、住まいづくりをサポートするのが住宅営業です。どのような暮らし、住まいを実現したいかなどのニーズを把握して、敷地調査やプラン作成、資金面のアドバイスから、ご契約、お引渡し、そしてアフターフォローまで。住まいづくりという一大イベントのパートナーとしてお客様に寄り添い、『ダイワハウスの住宅に暮らす人生』をサポートし続けます。

集合住宅営業

土地を所有する土地オーナーさまや企業さまの悩みをお聞きし、その土地に合った最適な活用方法を提案。賃貸住宅だけでなく、高齢者向け住宅・施設、賃貸併用住宅、テナントなど、提案は多岐にわたります。また、社内で土地情報を共有することで、他事業部で事業化できない土地を集合住宅部門で事業化するなど、住宅・流通店舗・建築部門などと密に連携を図り、総合的な提案を行っています。

流通店舗営業

土地活用を考えるオーナー様と事業展開を計画しているテナント企業様をつなぎ、建築工事を請け負うのが、流通店舗営業の仕事です。オーナー様とテナント企業様の新規開拓からはじまり、両者の間に立ち、条件交渉や契約、代金回収までの一連を営業が先頭に立ってリードしていきます。手掛けるのは、店舗や介護施設、ホテルなど様々。時代のニーズを汲み取り、最適な事業計画をご提案します。

建築営業

法人のお客様のビジネス上の課題を、事業施設の提案・建築により解決していく仕事です。手掛ける建物用途に決まりはなく、物流施設や工場、データセンター、医療・介護施設、オフィスビルと多種多様。お客様を開拓してニーズを探ることからはじまり、土地探索や事業計画、契約締結などを自らが主体となって進めます。官民連携（PPP/PFI）のプロジェクトも増えており、ときには数百億円規模の案件になることもあるスケールの大きなビジネスです。さらに

工業団地開発による企業誘致や物流センターの自治体との防災協定締結など、地域貢献にも積極的に取り組んでいます。

環境エネルギー営業
SDGs に代表される持続可能な社会の構築をミッションとして、エネルギー面からお客様に価値を提供しています。省エネ・蓄エネに加え、創エネとして大和ハウス工業の強みである建築技術を組み合わせた太陽光発電システムなどの環境商品を提案。営業は入社後まず、太陽光発電所の開発を担当し、契約から着工までを取り仕切ります。また、電力小売事業「PPS（Power Producer and Supplier）」を通して環境価値の高い電力の販売も行っています。

総合職（技術系）

住宅設計
お客様のご要望に基づき、間取りと暮らしをデザインするのが住宅設計。ご契約前の打合わせから引き渡しまでのすべての工程に関わります。ときにはお客様のご自宅に伺い、現在の住まい方を調査。建築動機をはじめ、間取りや広さ、日当り、設備、収納、使い勝手に関する不満な点、気に入っている点などを聞き出し、プランづくりに役立てます。ご契約後は営業やインテリアコーディネーターと一緒に、お客様の暮らしに合わせたより詳細なプランや仕様の打合せを行い、施工に必要な図面の作成を担当します。

住宅施工
住宅施工は、住まいづくりの現場の総責任者。職方（しょくかた）さんや資材を適切に手配する工程管理をはじめ、現場の事故を未然に防ぐ安全管理、良質な住まいを実現するための品質管理などを行っています。実際に作業する協力会社の職方（しょくかた）さんらと円滑にコミュニケーションをとるなど、現場と協力しながら大和ハウス工業が定める厳格な施工・品質基準を満たす住まいをつくり上げます。

集合住宅設計
個人のオーナー様が所有する土地のポテンシャルを最大限に引き出し、長期的に土地を有効活用できる建物を提案するのが、集合住宅設計の仕事です。賃貸住宅や店舗併用住宅だけでなく、福祉施設やホテルなども手掛けており、規模

も2～3階から高層のものまで様々。それらのプランニングやプレゼンテーションといった企画設計段階から、構造図・設備図などの実施設計、施工中の設計監理までを一貫して担当しています。

集合住宅施工

賃貸住宅の建設において、施工全体のマネジメントをする監督業務。一般的には、施工管理と呼ばれています。担う業務は大きく分類すると、品質（Quality）・原価（Cost）・工程（Delivery）・安全（Safety）・倫理／士気（Moral／Morale）・環境（Environment）・生産性（Productivity）の7大管理。若いうちから現場の指揮者として、建物一棟ができるまでの流れを知ることができます。パートナーである多くの職方（しょくかた）さんと協力しながら、一つひとつ物件をつくり上げていく。壮大なものづくりの醍醐味を感じられる仕事です。

流通店舗設計

ロードサイド店舗やホテル、介護施設など、立地の特性を活かした幅広い用途の建物を手掛けているのが、流通店舗設計職。事業スキームの組み立て、企画からデザイン、実施設計、現場の管理までを、一貫して担当しています。さらに、流通店舗設計職がプロジェクトの中心となり、営業や建築設備、構造設計といった各部署と連携し、お客様や行政とも密に関わりながらプロジェクトを遂行していく、チームリーダーのような役割も担っています。

流通店舗施工

ロードサイド店舗や介護施設、ホテルなど、中層～高層建築を施工する際の現場の総責任者。安全・品質・原価・工程・モラル・環境の六大管理を基本に、施工をスムーズに進めるために現場をまとめ上げていきます。設計担当者が作成した図面・見積書を基に施工計画を立案し、施工方法の検討や必要な人員確保など、現場監督として様々な意思決定を迅速に行うことが大切。また、着工までに近隣への挨拶なども行い、大和ハウス工業の代表として地域との共生を図ることも重要な業務です。

建築設計

物流センターやデータセンターなど、大和ハウス工業の中でも特に大規模な建物を設計するのが建築設計職。法人のお客様の事業計画に基づき、設計コンセプトの策定から企画・提案、プランや建築デザインを担当。設計フェーズ

のリーダーとして、監督諸官庁への申請業務も行い、建築基準法や関係法令などとお客様の要望をすり合わせて、最適な建物をつくり上げていく重要なポジションです。

建築施工

物流センターや研究施設、大型ショッピングモールなど、大和ハウス工業の中でも特に大規模な建物の施工を担当。安全・品質・原価・工程・モラル・環境の六大管理を総合的に計画し、現場が工期通り円滑に進むように管理します。実際に工事を行う協力会社をはじめ、設計や建築設備、構造設計の担当者などと連携しながら、現場監督として様々な意思決定を迅速に行うことが大切。国内最大規模の建物を手掛けることもある、スケールの大きな仕事です。

建築設備

新しい建物に必要な電気、空調、衛生設備等の設計や積算、施工管理を担当するのが建築設備職。現地のインフラ調査からはじまり、設備の企画提案や設計、役所協議や現場の施工管理など、業務範囲は多岐にわたります。建物は、設備が入らなければその役割を果たすことはできません。大和ハウス工業の建築設備職は、まさに建物に命を吹き込む仕事です。

構造設計

お客様が求める建物と空間を意匠設計、設備設計などと協働して計画し、実現していくのが構造設計の主な役割。優れたデザインや空間を実現するために、創意工夫を盛り込みながら安全と安心を提供しています。建物は竣工から、その使命を果たすまで、長期間供用されるもの。建物の機能を保持し、使用する人々の命を守るための構造設計は、建築プロセスの重要な部分を担っています。

見積

建築に必要なコストを算出し、そこに適正な利益を確保する為の見積書を作成する業務が、当部門の仕事です。そもそも建物の価格は、あらかじめ決まっているものではありません。お客様のご要望と品質確保を前提に、完成まで必要と思われるあらゆる工数や単価を想定し、"この建物は〇〇円で建てられます"と見積書を提示。その価格でお客様にご納得いただくことで、工事はスタートします。見積業務は会社に利益をもたらし、同時にお客様の満足度も左右する、とても重要なポジションです。

生産

各種部材の生産ラインの指揮をとり、高品質の建築部材を、納期を守って現場に供給することが使命です。そのために、全国9カ所の自社工場で生産効率を高める活動も進めています。近年は生産ラインの自動化改善をはじめ、自動溶接・塗装・搬送ロボットの要素技術の開発など、大和ハウス工業のものづくりを生産技術の側面から進化させるべく、様々な取り組みを行っています。

都市開発

都市開発部門は「災害から人を守り、住みよい街をつくり、快適な環境を提供する」というビジョンのもと、各事業部門と連携しながら、事業立ち上げから完成、維持管理までをトータルでプロデュースしています。幅広い施設を手掛ける大和ハウス工業の総合力を活かして、再生と循環の社会インフラとしての「街」の創造に必要な仕組みや仕掛けを企画。設計・施工を通じて形にし、開発後は「街」に住まわれる方や事業者とコミュニケーションを取り、運営まで携わっています。その中で、都市開発の技術職は主に土木系の設計・施工の業務を担います。

研究開発

研究開発分野は、人が「生きる場所」に関わるすべてです。突然の災害を耐え抜く構工法や、快適かつ省エネな住環境をかなえる設備・材料、施工現場の作業負担を軽減する施工技術など。あらゆるものを研究対象とし、「儲かるからではなく、世の中の役に立つからやる」「先の先を読む」という創業者・石橋信夫の精神を社員一人ひとりが受け継ぎ、大和ハウス工業の未来を切り拓いています。

✔ 先輩社員の声

【学生の皆さんへ】
みなさんにとって就職活動は初めてのことで分からないことばかりのはずです。日々，もがき，悩むことばかりだと思います。だからこそ，最後の決め手で大切なことは，その会社に対して迷いなく"ここで働きたい"と思えるかどうか，"イキイキと働いている自分の姿がイメージできる"かどうかです。心の中に芽生えた想いを信じて"魅力ある会社探し"をしてください。

【学生の皆さんへ】
就活には決まりきったやり方や答えはありません。自分が選んだ道でどう行動していくかが大事なのです。だからこそ，自らの意思で進路を選択してください。人と比べて焦ったりしなくていいんです。自分の気持ちと向き合うことを大事にしてください。悩み考え抜いた結果なら，どんな困難も乗り越えていける強い心で臨めるはずです。自分らしくがんばり続けていくためにも，"自らの意思で選択する"ことを忘れないでください。

【学生の皆さんへ】
就活の際にみなさんに大切にしてほしいのは，自分の率直な気持ちを見つめることです。ホームページや説明会，先輩社員との会話の中で，素直に"面白そうだな。ここで働いてみたいな"と思えたら，それは就活のヒントを見つけたということです。当社は，住宅以外にも多くの事業に取り組んでいます。みなさんの心に響くかどうか，ぜひ説明会に参加し確かめてほしいと思います。みなさんとお会いできることを楽しみにしています。

【学生の皆さんへ】
設計図を持たずにつくりはじめる家はありません。同様に，目的なくはじめる就職活動は，運任せのものになるでしょう。抽象的なものでもいいから考えてみてください。「人生で何を成し遂げたいか？」「どんな人になりたいか？」想いを実現できる仕事はあるはずです。夢を探し，夢に向かってアプローチをする。就職活動は人生のワクワクとの出会いです。「素」のままの自分で楽しんで取り組めば，結果はついてきます。一緒にがんばりましょう！

✔ 募集要項

掲載している情報は過去ものです。
最新の情報は各企業のHP等を確認してください。

募集職種・ 対象学科	●総合職（営業系・管理系）── 全学部全学科対象 ●総合職（技術系：設計部門）── 建築系学科対象 ●総合職（技術系：施工部門）── 建築・土木系学科対象 ●総合職（技術系：設備・生産部門）── 建築・機械・電気系学科対象 ※営業系・管理系・技術系全て全国転勤有り ※総合職（営業系／技術系：施工部門）については入社までに運転免許（AT限定可）を取得していただきます。
応募資格	2025年3月卒業・修了見込みの方・および3年以内に最終学歴を卒業・修了された既卒の方も新卒採用として応募可能です。 （就労経験の有無は問わない） ※設計部門については、卒業・修了時に実務経験なしで二級建築士の受験・登録資格がある方
選考内容	WEB適性検査、面接、作文試験、製図試験（意匠設計のみ）
提出書類	履歴書（写真貼付必要）、成績証明書 ※大学院生の場合は学部の卒業証明書、成績証明書、大学院の成績証明書が必要 ※マイページよりWEBでの提出
初任給	大学院：252,000円　大学：240,000円 高専・専門学校卒：222,000円
諸手当	通勤手当（実費支給）、時間外勤務手当、販売促進手当（営業職、設計職対象）、所属建築士手当、施工部門向け手当、自動車手当、住宅手当、在宅勤務手当（在宅勤務の実績に基づき支給）
昇給・賞与	昇給：年1回　賞与：年2回（7月、12月）
勤務地	全国の各事業所
勤務時間	9：00〜18：00、8：00〜17：00、8：30〜17：30、10：00〜19：00のいずれか ※時間帯は所属部門および曜日により異なる ※フレックスタイム制度あり

休日休暇	年間休日123日：完全週休2日制（土・日曜日、ただし住宅系部門は火・水曜日または水・日曜日）、祝日、年末年始休日、夏季休日など、年次有給休暇（10〜20日）、その他の休暇（ボランティア休暇、家族の看護休暇、慶弔休暇など）

✔ 採用の流れ （出典：東洋経済新報社『就職四季報』）

エントリーの時期	【総・技】1月〜
採用プロセス	【総・技】説明会（オンデマンド）→適性検査（Web）→先輩社員質問会→面接（複数回，動画投稿・Web・対面）→内々定
採用実績数	（下表参照）

	大卒男	大卒女	修士男	修士女
2022年	332 （文：213 理：119）	132 （文：81 理：51）	58 （文：2 理：56）	10 （文：1 理：9）
2023年	423 （文：249 理：174）	152 （文：77 理：75）	61 （文：6 理：55）	15 （文：2 理：13）

※2024年：709名採用予定

採用実績校	【文系】 （大学院）北海道大学，神戸大学，熊本県立大学 （大学）関西学院大学，日本大学，関西大学，近畿大学，明治大学，龍谷大学，立命館大学，中央大学，明治学院大学，同志社大学，早稲田大学，中京大学，立教大学，東洋大学，大阪公立大学　他 【理系】 （大学院）日本大学，関西大学，京都工芸繊維大学，近畿大学，工学院大学，東京工業大学，東北工業大学，北海道大学，北九州市立大学　他 （大学）日本大学，近畿大学，摂南大学，工学院大学，芝浦工業大学，愛知工業大学，広島工業大学，東京電機大学，東洋大学，法政大学　他

✔2023年の重要ニュース（出典：日本経済新聞）

■大和ハウス、関西で3億円の戸建て拡販　万博・IR見込む（1/20）

　大和ハウス工業は20日、関西で平均価格が3億円になる木造住宅ブランド「MARE（マレ）」事業を拡大することを明らかにした。2025年国際博覧会（大阪・関西万博）やカジノを含む統合型リゾート（IR）の誘致を見据え、事業関係者など富裕層が関西に移住し需要が高まると見込む。23年度には関西で年間10棟を販売し、売上高20億円を目指す。

　マレは大和ハウスの木造住宅の中で最高級商品の位置づけで、専門のデザイナーなどが設計する。21年4月に販売を開始し、1年半で合計11棟の建築を担い請負金額は約40億円。顧客のうち半数近くを起業家が占めるという。

　これまで富裕層は戸建て住宅を著名な建築家や設計事務所に発注することが多かった。マレを担当する住宅事業本部の桜井恵三氏は「超富裕層が大和ハウスを購入することは今まであまり無かった」と話す。

　従来は東京都など首都圏を中心に販売してきたが、万博やIRに向けて関西での需要を取り込む狙いだ。木造住宅事業部の今岡宏徳事業部長は「特にIRに合わせて海外から移住してくる富裕層が一定数いるはずだ」と分析する。

　大和ハウスは同日、豊中市にマレのモデルハウスを公開した。地上2階建てで延べ床面積は約273平方メートル。参考価格は土地や建物、外構や家具などを含めて約3億5000万円になる。半年〜1年間は営業活動に利用し、その後は販売する予定だ。

■大和ハウス、全新築分譲マンションをゼロエネ仕様に（2/3）

　大和ハウス工業は3日、2024年度以降に着工する全ての分譲マンションを断熱性や省エネ性能が高いZEH（ゼロ・エネルギー・ハウス）仕様にすると発表した。戸建て住宅と比較して分譲マンションのZEHは普及が遅れている。光熱費が抑えられることなどを消費者に訴えて販売戸数を増やしたい考えだ。

　18年にZEH仕様の分譲マンション開発を開始し、着工した戸数でみた22年度のZEH比率は76%になる予定だ。24年度以降は100%に高める。対象となるのは大和ハウスが独自で開発する分譲マンション「プレミスト」で、他社と共同開発する物件は別途検討する。

　分譲マンションは全住戸について断熱性が一定の基準を満たしたうえで、建物全体で冷暖房や給湯などに使用するエネルギー使用量を従来の2割以上削減すれ

ば ZEH 仕様となる。

■大和ハウス、タイに初の商業施設　「ユニクロ」出店（3/30）

　大和ハウス工業は 30 日、タイで初めてとなる商業施設を開発したと発表した。ファーストリテイリングが運営する「ユニクロ」の出店に伴い、バンコクにロードサイド店舗を開発した。大和ハウスは日本国内で全国の地主とユニクロなどの企業の出店情報を結び付け、店舗の建築を手掛けてきた実績がある。海外でも日系企業を中心に出店ニーズに応えたい考えだ。

　ユニクロの新店舗は 31 日にオープンする。バンコク中心地から車で約 25 分の場所に位置している。鉄筋コンクリートの地上 1 階建てで、延べ床面積は 1109 平方メートル。

　店舗を開発したのは大和ハウスとタイの物流施設大手 WHA コーポレーション PCL が設立した共同出資会社。大和ハウスの出資比率は 49％ で、2016 年に設立してから物流施設の開発や運営を担ってきた。ユニクロの店舗を皮切りに、商業施設など複合施設の開発も積極化したい考えだ。

■大和ハウス、バイオマス発電に参入　火力発電所を転換（4/17）

　大和ハウス工業は 17 日、北九州市にある火力発電所を買収し、バイオマス発電所に転換すると発表した。同発電所は石炭とバイオマス燃料の混焼で発電しているが、全てバイオマスに切り替えて 2026 年 4 月に運転開始を目指す。大和ハウスは太陽光や風力での発電を手掛けてきたが、バイオマスにも参入しグループ全体で再生可能エネルギーの発電量を増やす。

　大和ハウスは 1 月 26 日付で運営会社の響灘火力発電所（北九州市）の全株式を取得した。取得先と取得額は公表していない。

　響灘火力発電所は 19 年に運転を開始し、定格出力は 11 万 2000 キロワット。22 年 2 月期の売上高は 121 億円だった。現状は石炭に加え、生物由来の木質ペレットを粉砕し炭化した素材を燃料として活用している。大和ハウスは 24 年度までに石炭混焼による発電を停止し、設備の改造や増設を通じてバイオマス燃料のみで発電する計画だ。

■大和ハウス、アバターで住宅見学　若年層に照準（4/28）

　大和ハウス工業は仮想空間でアバター（分身）を動かしながら住宅を見学できるサービスを始めた。同社の担当者が質問に答え、要望に応じて3D空間内の壁紙や家具のデザインを変更する。特に若年層にとっては住宅展示場への来場はハードルが高いとみて、気軽に見学できるオンライン環境を整える。

　「メタバース住宅展示場」への来場予約を28日に開始した。利用は無料。スマートフォンやパソコン、仮想現実（VR）デバイスを使い、最大6人が利用できる。アバターにはパソコンなどのインカメラで撮影する自分の映像を表示でき、担当者や他の来場者との会話も可能だ。

　大和ハウスは全国各地に住宅展示場を設けているが、新型コロナウイルスの感染拡大で来場者数が減少していた。オンラインで住宅の情報を収集するなど「コロナで動きが変わってきた」（同社）とみる。IT（情報技術）ツールに親しんだ若年層をひき付ける狙いもある。

■新築のエネルギー消費ゼロへ　2030年度に（5/12）

　大和ハウス工業は新築する住宅や物流施設などの建物で、エネルギーの消費量の支出を実質ゼロにする方針だ。2030年度までに、新築する建物の全てでの達成を目指す。エネルギー消費が実質ゼロの住宅を指す「ZEH（ゼロ・エネルギー・ハウス）」では積水ハウスが先行している。物流施設などの建物も加えることで競争力を高める。

　13日に発表する中期経営計画に盛り込む。エネルギー消費の支出を実質ゼロにするため、断熱性能が高いサッシなどを導入したり、外壁に断熱材を設けたりすることで対応する。屋根には太陽光パネルを原則全ての建物に設置する方針だ。

　21年度で同社が手掛ける住宅のうちZEHの比率は53%（北海道を除く）にとどまる。同業の積水ハウスは同年度で92%に達しており、「まずは追いついていく」（大和ハウス）構えだ。22年4月から販売する分譲住宅の全てでZEHを標準仕様とする。

■住宅展示場を3割削減　デジタル営業に移行（6/10）

　大和ハウス工業は全国にある住宅展示場を5年で3割減らす。新型コロナウイルス禍で来場者数が減少しているうえ、展示場を契機とした注文住宅の契約率が低下していることに対応する。今後、デジタル技術を活用した住宅販売へ段階的

に移行する。人口減少で国内の注文住宅市場は20年で25%縮小した。展示場を大きく減らす取り組みは住宅各社の営業手法に影響を与える可能性もある。

　同社は注文住宅では業界3位で、2022年3月末時点で全国に197カ所の展示場を展開する。新型コロナ禍で21年度の来場者数はコロナ禍前の19年度比約5割減と大きく減少した。来場をきっかけに契約した割合も従来は5割程度あったが、21年度は3割にまで低下した。

　展示場は1カ所あたり、年間の維持費用が3000万〜5000万円かかる。展示場での営業効率が落ちていると判断し26年度までにまず50カ所ほど閉鎖する方針だ。主に人口減少が進む地方の不採算の展示場が対象となり、最大で100カ所になる可能性もあるという。展示場の削減により、資材価格の高騰で上昇する住宅建設コストに対応する狙いもある。

　展示場の代わりにデジタルを駆使した営業に力を入れる。今年4月に始めた仮想空間でアバター（分身）を動かしながら住宅を見学できるサービスなどを拡充する。

　大和ハウスの21年度の注文住宅の販売戸数は約5000戸だ。このうち最大1割がインターネットを起点として販売に至った住宅だという。ウェブサイトを通じた営業を強化するなどで、26年度までに1200戸と全体の約2割に高める考えだ。

　国土交通省によると注文住宅に相当する持ち家の21年度の着工戸数は28万戸で01年度に比べ25%縮小した。市場縮小で各社は営業手法の見直しを迫られている。

■建築する全物件に太陽光　10月から提案（9/22）

　大和ハウス工業は22日、10月1日から建築する商業施設や工場すべての物件に太陽光発電システムの設置を提案すると発表した。建築主が設置しない場合でも、建物の屋根を大和ハウスが借り受け、太陽光パネルを置いて発電する。大和ハウスは再生エネルギーの事業を強化しており、2026年度までの5年間で700億円の関連投資を想定、電力供給などで260億円の売上高を見込む。

　大和ハウスは商業施設や工場など年間1300件近く建築している。設置候補となる屋根は多くあり、太陽光発電の大手企業の一角になることを目指している。

　太陽光パネルを屋根に設置すれば、送電設備が簡易になるなど維持管理にかかるコストを低減できる。電力は通常より割安になる。大和ハウスが設置した場合、施設の管理者は設置費用や維持管理の費用がかからない利点もある。

✔2021年の重要ニュース (出典：日本経済新聞)

■大和ハウス、沖縄で最大規模の物流施設　22年完成(1/13)

　大和ハウス工業は沖縄県豊見城市で複数の企業が入居する「マルチテナント型」物流施設を建設すると発表した。2棟で構成し、総事業費は約219億円。2022年3月以降に順次完成する。総延べ床面積は約12万平方メートルで、沖縄県で最大規模の物流施設になるという。

　物流施設は那覇空港に近く、交通アクセスが良好な場所にある。1棟目の施設は延べ床面積約4万平方メートル、事業費は約72億円。2月に着工し、22年3月に完成する。2棟目は延べ床面積約8万平方メートル、事業費は約147億円。4月に着工し、22年8月に完成する予定だ。新たな施設では最大13社のテナント企業に対応する。特定企業を対象とする施設と異なり、マルチテナント型は新型コロナウイルス禍で需要が急拡大する電子商取引（EC）関連企業などの入居ニーズに対応しやすいという。テナント企業の従業員向けの保育所も併設する。

■大和ハウス、広島の大型商業施設を改装　90億円投資（4/12）

　大和ハウス工業は広島市西区の大型商業施設「アルパーク」を大幅に改装すると発表した。2020年1月に中核テナントの百貨店の天満屋が撤退したため一部を閉鎖していた。90億円を投資し、生活雑貨、ファッション、スーパーなどの物販店や飲食店を新しく入れ、ファミリー層を主な対象にした商業施設として23年春に全面開業させる。

　「アルパーク」は三井不動産などが主体となり1990年にJR新井口駅近くに開業した大型ショッピングセンターで、中四国でも最大級の規模を持つ。店舗が入る主要3棟のうち、大和ハウスが19年に東棟・西棟の2棟を取得し運営も引き継いだ。だが、老朽化が進み競合も増えたことから西棟の中核テナントである天満屋が撤退し西棟は閉鎖。東棟もテナントの撤退が目立っていた。

　今回の計画では西棟に物販店、飲食店約40店舗を新規開業させ、まず22年春に営業を再開する。営業を続けている東棟についても21年末から順次改装開業する。全面開業は23年春の予定。2棟合わせた延べ床面積は約16万平方メートルで、店舗数は約160店舗になる。

■大和ハウス、「最高級」の戸建て住宅　富裕層向け（4/28）

　大和ハウス工業は29日、都心部の富裕層向けに戸建て住宅の新商品を発売す

る。建設価格は7000万円以上（土地代含まず）を想定し、同社では「最高級」の位置づけだ。木造と鉄筋コンクリート構造を組み合わせて、都心の限られた土地でも広々とした空間や地下室を提案する。

　新商品「Wood Residence MARE」は、強度の高い国産ひのきを柱やはりに採用し、同社独自の構法で耐震性と耐久性を確保する。価格は1坪（3.3平方メートル）あたり165万円（付帯工事費や諸費用を除く）から。これまでに最も高額だった商品を6割上回る。

　新たに立ち上げたデザイナーチームが顧客の要望に合わせて設計する。地下室はシアタールームや音楽スタジオなど趣味の空間やワインの貯蔵庫などとしての活用を想定する。

　大和ハウスの大友浩嗣取締役は「新型コロナウイルス下の外出自粛でサービスの消費ができず、富裕層は高額な不動産やブランド品などの消費が活発だ」と指摘する。「こだわりのあるものは高くても買いたいというニーズに対応したい」と話す。まずは東京や大阪など8都府県で展開し、年間50棟の販売を目指す。2〜3年をめどに全国の主要都市に販売を広げる。

■ 30年度に化石燃料3割減　社用車をEVへ（7/30）

　大和ハウス工業は2030年度までに、事業活動で使う化石燃料の使用量を3割削減する計画だ。社用車を電気自動車（EV）に切り替えるほか、施工現場でハイブリッド重機を本格的に導入する。再生可能エネルギーの利用率を7割（20年度は8.5%）に高める。世界的な脱炭素の潮流に対応する。

　新たに50年度までに温暖化ガス排出量を実質ゼロにする目標を策定した。これまでは55年度に二酸化炭素（CO_2）排出量を15年度比70%減らすとしていた。

　社用車など約570台の業務用車両にEVを順次、採用する。社員の自家用車を営業活動に使う場合もあり、22年4月以降にEV手当を導入する予定だ。車両の維持費用などへの補助を検討しており、ガソリン車からの買い替えを促す。建設の下請け会社にはハイブリッド重機の導入を要請する。

　グループのホテルやスポーツクラブでも、お湯や空調を管理するボイラーを電気に切り替える。太陽光発電システムや実質的に再エネ由来の電力とみなす「非化石証書」を活用し、事務所や住宅展示場などで使う電力を再エネへ切り替える。

　再エネ利用率はこれまで30年度に3割を目標としていたが、7割に引き上げた。40年度には全ての電力を再エネで賄う計画だ。自社施設をZEB（ゼロ・エネルギー・ビル）に改修し、ショールームとして顧客への提案に活用し、環境に配慮した施設の普及を目指す。

✔ 就活生情報

面接をする前に，先輩社員質問会が2回ほどあった。実際の業務について詳しく聞く機会があり，とても有意義だった

総合職 営業 2020卒

エントリーシート

・形式：採用ホームページから記入
・内容：希望業種や希望勤務地／希望業種を選択した理由等／他は基本的には他企業と同じ

セミナー

・選考とは無関係
・服装：リクルートスーツ
・内容：会社について，選考スケジュール等

筆記試験

・形式：Webテスト
・科目：数学，算数／国語，漢字／性格テスト

面接（個人・集団）

・雰囲気：和やか
・回数：2回
・質問内容：志望理由／希望業種→その理由／全国転勤だが大丈夫か／希望業種以外の業種の勧め／海外に行く気はあるか／この業界に興味を持った理由

内定

・拘束や指示：内々定を受ける前に，今内定を貰っている企業の内定を全て辞退するように伝えられた
・通知方法：電話
・タイミング：予定通り

● その他受験者からのアドバイス

・基本的に「面接」というよりは「面談」

面接時は的確に質問の意図を捉えて，自信を持って
ハキハキと前向きに答えましょう

総合職 営業 2020卒

エントリーシート

・形式：採用ホームページから記入
・内容：志望動機／志望する部門とその理由／大学で学んだこと／学生時代に
取り組んだこと

セミナー

・筆記や面接などが同時に実施される，選考と関係のあるもの
・服装：リクルートスーツ
・内容：基本的には企業紹介や強み

筆記試験

・形式：Web テスト
・科目：数学，算数／国語，漢字／性格テスト

面接（個人・集団）

・雰囲気：普通
・回数：2回
・質問内容：座談会に参加した学生は一次面接が免除されるので，二次面接と
最終面接のみ
・二次面接…志望動機や志望部門，将来やりたい仕事　など
・最終面接…最終面接は一問一答に近い面接。自己PR／志望動機／志望業種／
やりたい仕事営業において大事なこと／趣味　など

内定

・拘束や指示：1週間以内に親の了承の上，他者の内定と選考のお断りを催促
・通知方法：電話
・タイミング：予定より早い

▶ その他受験者からのアドバイス

・自己分析をたくさんして，自分が将来ヴィジョンをどのように描いている
か明確にして，それをうまく言葉にする

「この企業でないとだめな理由」を探すのではなく，他の企業より志望する企業が秀でている点を探すことを心がけましょう

総合職 営業 2020 卒

エントリーシート

・形式：履歴書のみ。説明会に参加した際に，アンケートが配布される
・内容：今自分が受けている業種や就職活動の状況，大和ハウス工業でどのような部署につきたいのかなど

セミナー

・選考とは無関係
・服装：リクルートスーツ
・内容：業界について熱く話してくれる

筆記試験

・形式：Web テスト
・科目：SPI（英語/数学，算数/国語，漢字/性格テスト）

面接（個人・集団）

・雰回数：2 回
・質問内容：社員座談会をどちらも出席すると一次面接免除。二次面接では現役営業マンと面接。履歴書に沿った質問，希望職種の深堀り
・最終面接は採用担当と面接。二次面接同様の内容，二次面接前に提出した書類を参考に深堀り

内定

・拘束や指示：家族に話すようにと強く言われ，他の企業の選考を辞退するように指示される
・通知方法：電話

自己分析と志望動機をきちんと整理しておくだけで，面接での受け答えが全然違います。自分の言葉で言えるようにしておきましょう

総合職 2019卒

エントリーシート
・形式：履歴書のみ

セミナー
・選考とは無関係
・服装：リクルートスーツ
・内容：人事による企業説明，簡単に履歴書のようなものを書かされる，希望勤務地なども説明会時に記入

筆記試験
・形式：Webテスト
・科目：数学，算数／国語，漢字／性格テスト

面接（個人・集団）
・雰囲気：和やか
・質問内容：自分の長所短所，志望動機，建築学科を志望した理由，勤務地について。面接前1時間ほど，作文と自己分析シートの記入（30分ずつ）

内定
・拘束や指示：学校推薦のため辞退不可
・通知方法：大学就職課

● その他受験者からのアドバイス
・「この企業でなければだめな理由」より「なぜここなのか」や「なぜそう考えたのか」といった秀でている点を探し，自分に何ができるのかを意識しましょう

やりたいことがいっぱいあるなら，色々な職種の説明会に行って下さい

総合職 2018卒

エントリーシート

・形式：履歴書のみ

セミナー

・筆記や面接などが同時に実施される，選考と関係のあるものだった
・服装：リクルートスーツ
・内容：人事の方が良さそうな人で，休憩を取りつつ説明してくれました

筆記試験

・形式：Webテスト
・科目：性格テスト，内容は玉手箱

面接（個人・集団）

・雰囲気：普通
・回数：3回

内定

・通知方法：電話

● その他受験者からのアドバイス

・面接の当日，翌日には結果が出ます。非常に早いです

> 一応，いろんなところにエントリーしといたほうが
> いいと思います。頑張って下さい

施工管理 2018卒

エントリーシート

・形式：履歴書のみ
・内容：説明会の中で勤務地や職種を選んでその理由を書いた

セミナー

・選考とは無関係
・服装：リクルートスーツ
・内容：企業説明

筆記試験

・形式：Webテスト
・科目：数学，算数／国語，漢字／性格テスト

面接（個人・集団）

・回数：1回
・質問内容：施工管理で大事なこと，長所短所，自分を磨くために日々していること　等

内定

・通知方法：大学就職課

やりたいことがあるなら，しっかりと企業研究（事業内容，会社情報，他社との差別化等）をしよう

総合職（営業系）2018卒

エントリーシート

・形式：履歴書のみ

セミナー

・選考とは無関係
・服装：リクルートスーツ
・内容：説明会終了時に記入するアンケート用紙が，その後の選考で使用される

筆記試験

・形式：Webテスト
・科目：数学，算数／国語，漢字

面接（個人・集団）

・雰囲気：普通
・質問内容：志望動機，学生時代に力を入れたこと，去年の売上高，挫折経験，営業の辛さに耐えられるか　など

内定

・拘束や指示：他社の選考・内定を辞退すること，家族に入社の同意を得ることの2点
・通知方法：電話
・タイミング：予定より早い

▶ その他受験者からのアドバイス

・どの企業の選考においても言えることですが，面接は言葉のキャッチボールです。しっかりボールを返すことも大事ですが，キャッチボールの回数を増やすことも大切です。なるべく簡潔な回答を心掛けましょう

うまくいかずしんどい時もありますが，本当に自分がやりたいことを見つけて最後まで諦めないことが大切です

総合職・意匠設計 2017卒

エントリーシート

・形式：履歴書のみ
・内容：説明会に各自で履歴書持参。説明会後にアンケート兼エントリーシートを提出。希望職種や希望勤務地などを書く

セミナー

・選考とは無関係
・服装：リクルートスーツ

筆記試験

・形式：作文／Webテスト／その他
・科目：数学，算数／国語，漢字／論作文／性格テスト／理工系専門試験
・内容：一般のwebテストを家で受験し，面接時に作文・即日設計の試験

面接（個人・集団）

・雰囲気：和やか
・回数：1回
・質問内容：どのような仕事をしていきたいか，学生時代に失敗から学んだこと

内定

・通知方法：大学就職課
・タイミング：予定より早い

● その他受験者からのアドバイス

・面接の雰囲気が和やかで，素の自分が出せた

どの業界を志望するにも，なんとなくでは落とされます。業界についての理解，他社との比較は必ずしておきましょう

総合職 営業 2017卒

エントリーシート
・形式：履歴書のみ

セミナー
・選考とは無関係
・服装：リクルートスーツ
・内容：人事による企業，事業紹介

筆記試験
・形式：Webテスト
・科目：数学，算数／国語，漢字／性格テスト

面接（個人・集団）
・雰囲気：和やか
・回数：3回
・質問内容：事業内容の理解度を測る質問，会社で何がしたいか，学生時代に力を入れたこと，自分の強みと弱み

内定
・拘束や指示：入社の意思をかためた上で1週間以内に連絡をする
・通知方法：電話
・タイミング：予定より早い

● その他受験者からのアドバイス
・とにかくスピードが早い。一次面接，二次面接，最終面接，内々定まで10日であった

多角的に性格，適性の分析をされるので，飾らず一つ一つ真摯に答えれば大丈夫だと思います。がんばってください

技術系総合職 2017卒

エントリーシート
・形式：指定の用紙に手で記入
・内容：志望動機　自己PR

セミナー
・筆記や面接などが同時に実施される，選考と関係のあるものだった
・服装：リクルートスーツ
・内容：説明会時にその場でES記入

筆記試験
・形式：Webテスト
・科目：数学，算数／国語，漢字

面接（個人・集団）
・雰囲気：和やか
・回数：2回
・質問内容：志望動機，自己PR，ダイワハウス工業の魅力，志望職種，即日設計のプレゼン，テストに基づく性格の掘り下げ

内定
・通知方法：電話

▶ その他受験者からのアドバイス
・よかった点は，スピーディーな点。様々なテストを駆使して性格，適性を見極めようとされていた
・よくなかった点は，人事が最終面接までずっと若い方なので，あまり最終感がなかったこと。淡々と進んだので，あまり喜びはありませんでした

✔ 有価証券報告書の読み方

01 部分的に読み解くことからスタートしよう

　「有価証券報告書（以下，有報）」という名前を聞いたことがある人も少なくはないだろう。しかし，実際に中身を見たことがある人は決して多くはないのではないだろうか。有報とは上場企業が年に1度作成する，企業内容に関する開示資料のことをいう。開示項目には決算情報や事業内容について，従業員の状況等について記載されており，誰でも自由に見ることができる。

　一般的に有報は，証券会社や銀行の職員，または投資家などがこれを読み込み，その後の戦略を立てるのに活用しているイメージだろう。その認識は間違いではないが，だからといって就活に役に立たないというわけではない。就活を有利に進める上で，お得な情報がふんだんに含まれているのだ。ではどの部分が役に立つのか，実際に解説していく。

■有価証券報告書の開示内容

　では実際に，有報の開示内容を見てみよう。

有価証券報告書の開示内容
第一部【企業情報】
第1 【企業の概況】
第2 【事業の状況】
第3 【設備の状況】
第4 【提出会社の状況】
第5 【経理の状況】
第6 【提出会社の株式事務の概要】
第7 【提出会社の状参考情報】
第二部【提出会社の保証会社等の情報】
第1 【保証会社情報】
第2 【保証会社以外の会社の情報】
第3 【指数等の情報】

有報は記載項目が統一されているため，どの会社に関しても同じ内容で書かれている。このうち就活において必要な情報が記載されているのは，第一部の第1【企業の概況】〜第5【経理の状況】まで，それ以降は無視してしまってかまわない。

02 企業の概況の注目ポイント

第1【企業の概況】には役立つ情報が満載。そんな中，最初に注目したいのは，冒頭に記載されている【主要な経営指標等の推移】の表だ。

回次		第25期	第26期	第27期	第28期	第29期
決算年月		平成24年3月	平成25年3月	平成26年3月	平成27年3月	平成28年3月
営業収益	（百万円）	2,532,173	2,671,822	2,702,916	2,756,165	2,867,199
経常利益	（百万円）	272,182	317,487	332,518	361,977	428,902
親会社株主に帰属する当期純利益	（百万円）	108,737	175,384	199,939	180,397	245,309
包括利益	（百万円）	109,304	197,739	214,632	229,292	217,419
純資産額	（百万円）	1,890,633	2,048,192	2,199,357	2,304,976	2,462,537
総資産額	（百万円）	7,060,409	7,223,204	7,428,303	7,605,690	7,789,762
1株当たり純資産額	（円）	4,738.51	5,135.76	5,529.40	5,818.19	6,232.40
1株当たり当期純利益	（円）	274.89	443.70	506.77	458.95	625.82
潜在株式調整後1株当たり当期純利益	（円）	—	—	—	—	—
自己資本比率	（%）	26.5	28.1	29.4	30.1	31.4
自己資本利益率	（%）	5.9	9.0	9.5	8.1	10.4
株価収益率	（倍）	19.0	17.4	15.0	21.0	15.5
営業活動によるキャッシュ・フロー	（百万円）	558,650	588,529	562,763	622,762	673,109
投資活動によるキャッシュ・フロー	（百万円）	△370,684	△465,951	△474,697	△476,844	△499,575
財務活動によるキャッシュ・フロー	（百万円）	△152,428	△101,151	△91,367	△86,636	△110,265
現金及び現金同等物の期末残高	（百万円）	167,525	189,262	186,057	245,170	307,809
従業員数〔ほか、臨時従業員数〕	（人）	71,729 [27,746]	73,017 [27,312]	73,551 [27,736]	73,329 [27,313]	73,053 [26,147]

見慣れない単語が続くが，そう難しく考える必要はない。特に注意してほしいのが，**営業収益**，**経常利益**の二つ。営業収益とはいわゆる**総売上額**のことであり，これが企業の本業を指す。その営業収益から営業費用（営業費（販売費＋一般管理費）＋売上原価）を差し引いたものが**営業利益**となる。会社の業種はなんであれ，モノを顧客に販売した合計値が営業収益であり，その営業収益から人件費や家賃，広告宣伝費などを差し引いたものが営業利益と覚えておこう。対して経常利益は営業利益から本業以外の損益を差し引いたもの。いわゆる金利による収益や不動産収入などがこれにあたり，本業以外でその会社がどの程度の力をもっているかをはかる絶好の指標となる。

■会社のアウトラインを知れる情報が続く。

　この主要な経営指標の推移の表につづいて,「会社の沿革」,「事業の内容」,「関係会社の状況」「従業員の状況」などが記載されている。自分が試験を受ける企業のことを，より深く知っておくにこしたことはない。会社がどのように発展してきたのか，主としている事業はどのようなものがあるのか，従業員数や平均年齢はどれくらいなのか，志望動機などを作成する際に役立ててほしい。

03 事業の状況の注目ポイント

　第2となる【事業の状況】において，最重要となるのは**業績等の概要**といえる。ここでは1年間における収益の増減の理由が文章で記載されている。「○○という商品が好調に推移したため，売上高は△△になりました」といった情報が，比較的易しい文章で書かれている。もちろん，損失が出た場合に関しても包み隠さず記載してあるので，その会社の1年間の動向を知るための格好の資料となる。

　また，業績については各事業ごとに細かく別れて記載してある。例えば鉄道会社ならば，①運輸業，②駅スペース活用事業，③ショッピング・オフィス事業，④その他といった具合だ。**どのサービス・商品がどの程度の売上を出したのか**，会社の持つ展望として，今後**どの事業をより活性化**していくつもりなのか，などを意識しながら読み進めるとよいだろう。

■「対処すべき課題」と「事業等のリスク」

　業績等の概要と同様に重要となるのが，「**対処すべき課題**」と「**事業等のリスク**」の2項目といえる。ここで読み解きたいのは，その会社の**今後の伸びしろ**について。いま，会社はどのような状況にあって，どのような課題を抱えているのか。また，その課題に対して取られている対策の具体的な内容などから経営方針などを読み解くことができる。リスクに関しては法改正や安全面，他の企業の参入状況など，会社にとって決してプラスとは言えない情報もつつみ隠さず記載してある。客観的にその会社を再評価する意味でも，ぜひ目を通していただきたい。

　次代を担う就活生にとって，ここの情報はアピールポイントとして組み立てやすい。「新事業の○○の発展に際して……」,「御社が抱える●●というリスクに対して……」などという発言を面接時にできれば，面接官の心証も変わってくるはずだ。

　最後に注目したいのが，第5【経理の状況】だ。ここでは，簡単にいえば【主要な経営指標等の推移】の表をより細分化した表が多く記載されている。ここの情報をすべて理解するのは，簿記の知識がないと難しい。しかし，そういった知識があまりなくても，読み解ける情報は数多くある。例えば**損益計算書**などがそれに当たる。

連結損益計算書

(単位：百万円)

	前連結会計年度 (自 平成26年4月1日 至 平成27年3月31日)	当連結会計年度 (自 平成27年4月1日 至 平成28年3月31日)
営業収益	2,756,165	2,867,199
営業費		
運輸業等営業費及び売上原価	1,806,181	1,841,025
販売費及び一般管理費	※1 522,462	※1 538,352
営業費合計	2,328,643	2,379,378
営業利益	427,521	487,821
営業外収益		
受取利息	152	214
受取配当金	3,602	3,703
物品売却益	1,438	998
受取保険金及び配当金	8,203	10,067
持分法による投資利益	3,134	2,565
雑収入	4,326	4,067
営業外収益合計	20,858	21,616
営業外費用		
支払利息	81,961	76,332
物品売却損	350	294
雑支出	4,090	3,908
営業外費用合計	86,403	80,535
経常利益	361,977	428,902
特別利益		
固定資産売却益	※4 1,211	※4 838
工事負担金等受入額	※5 59,205	※5 24,487
投資有価証券売却益	1,269	4,473
その他	5,016	6,921
特別利益合計	66,703	36,721
特別損失		
固定資産売却損	※6 2,088	※6 1,102
固定資産除却損	※7 3,957	※7 5,105
工事負担金等圧縮額	※8 54,253	※8 18,346
減損損失	※9 12,738	※9 12,297
耐震補強重点対策関連費用	8,906	10,288
災害損失引当金繰入額	1,306	25,085
その他	30,128	8,537
特別損失合計	113,379	80,763
税金等調整前当期純利益	315,300	384,860
法人税、住民税及び事業税	107,540	128,972
法人税等調整額	26,202	9,326
法人税等合計	133,742	138,298
当期純利益	181,558	246,561
非支配株主に帰属する当期純利益	1,160	1,251
親会社株主に帰属する当期純利益	180,397	245,309

　主要な経営指標等の推移で記載されていた**経常利益**の算出する上で必要な営業外収益などについて，詳細に記載されているので，一度目を通しておこう。
　いよいよ次ページからは実際の有報が記載されている。ここで得た情報をもとに有報を確実に読み解き，就職活動を有利に進めよう。

✔ 有価証券報告書

企業の概況

1 主要な経営指標等の推移

（1） 連結経営指標等 ···

回次		第80期	第81期	第82期	第83期	第84期
決算年月		2019年3月	2020年3月	2021年3月	2022年3月	2023年3月
売上高	（百万円）	4,143,505	4,380,209	4,126,769	4,439,536	4,908,199
経常利益	（百万円）	359,462	367,669	337,830	376,246	456,012
親会社株主に帰属する 当期純利益	（百万円）	237,439	233,603	195,076	225,272	308,399
包括利益	（百万円）	203,528	216,940	213,702	269,148	352,742
純資産額	（百万円）	1,643,717	1,773,388	1,893,504	2,111,385	2,388,914
総資産額	（百万円）	4,334,037	4,627,388	5,053,052	5,521,662	6,142,067
1株当たり純資産額	（円）	2,404.32	2,600.82	2,805.09	3,081.07	3,466.86
1株当たり当期純利益	（円）	357.29	351.84	297.18	343.82	469.12
潜在株式調整後 1株当たり当期純利益	（円）	357.09	351.76	—	—	—
自己資本比率	（％）	36.8	37.3	36.3	36.6	37.2
自己資本利益率	（％）	15.47	14.06	10.95	11.68	14.33
株価収益率	（倍）	9.85	7.61	10.91	9.31	6.64
営業活動による キャッシュ・フロー	（百万円）	355,599	149,651	430,314	336,436	230,298
投資活動による キャッシュ・フロー	（百万円）	△313,989	△317,273	△389,980	△467,423	△505,181
財務活動による キャッシュ・フロー	（百万円）	△86,979	169,128	102,731	24,427	287,452
現金及び現金同等物の 期末残高	（百万円）	276,298	276,068	416,321	326,250	346,154
従業員数 [外，平均臨時雇用者数]	（人）	44,947 [22,227]	47,133 [23,211]	48,807 [22,492]	48,831 [21,885]	49,768 [22,737]

（注） 1. 第82期の潜在株式調整後1株当たり当期純利益については，希薄化効果を有している潜在株式が存在しないため，記載しておりません。

　　　 2. 第83期及び第84期の潜在株式調整後1株当たり当期純利益については，潜在株式が存在しないため，記載しておりません。

　　　 3. 「収益認識に関する会計基準」（企業会計基準第29号　2020年3月31日）等を第83期の期首から

(point) 主要な経営指標等の推移

　数年分の経営指標の推移がコンパクトにまとめられている。見るべき箇所は連結の売上，利益，株主資本比率の3つ。売上と利益は順調に右肩上がりに伸びているか，逆に利益で赤字が続いていたりしないかをチェックする。株主資本比率が高いとリーマンショックなど景気が悪化したときなどでも経営が傾かないという安心感がある。

適用しており，第83期以降に係る主要な経営指標等については，当該会計基準等を適用した後の指標等となっております。

(2) 提出会社の経営指標等 ··

回次		第80期	第81期	第82期	第83期	第84期
決算年月		2019年3月	2020年3月	2021年3月	2022年3月	2023年3月
売上高	(百万円)	1,925,518	1,975,150	1,863,934	1,976,165	2,006,066
経常利益	(百万円)	268,457	275,581	288,332	254,870	261,696
当期純利益	(百万円)	182,528	196,484	182,546	165,381	205,293
資本金	(百万円)	161,699	161,699	161,699	161,699	161,845
発行済株式総数	(千株)	666,238	666,238	666,238	666,238	666,290
純資産額	(百万円)	1,253,846	1,360,805	1,466,459	1,560,626	1,677,463
総資産額	(百万円)	2,856,636	3,087,824	3,320,005	3,464,449	3,876,635
1株当たり純資産額	(円)	1,888.72	2,049.19	2,241.34	2,380.21	2,545.97
1株当たり配当額 （うち1株当たり中間配当額）	(円)	114.00 (50.00)	115.00 (55.00)	116.00 (50.00)	126.00 (55.00)	130.00 (60.00)
1株当たり当期純利益	(円)	274.66	295.93	278.09	252.41	312.28
潜在株式調整後 1株当たり当期純利益	(円)	271.51	295.86	―	―	―
自己資本比率	(%)	43.9	44.1	44.2	45.0	43.3
自己資本利益率	(%)	15.03	15.03	12.91	10.92	12.68
株価収益率	(倍)	12.81	9.05	11.65	12.68	9.97
配当性向	(%)	41.51	38.86	41.71	49.92	41.63
従業員数 ［外，平均臨時雇用者数］	(人)	15,901 [4,295]	16,262 [4,465]	16,417 [4,212]	16,147 [3,994]	16,093 [4,309]
株主総利回り	(%)	88.6	70.9	87.5	89.6	90.6
（比較指標：配当込みTOPIX）	(%)	(95.0)	(85.9)	(122.1)	(124.6)	(131.8)
最高株価	(円)	4,293	3,819	3,552	3,900	3,320
最低株価	(円)	3,119	2,230.5	2,332	3,037	2,907.5

(注) 1. 第83期の1株当たり配当額126円には，創業者故石橋信夫生誕100周年の記念配当10円を含んでおります。
2. 第82期の潜在株式調整後1株当たり当期純利益については，希薄化効果を有している潜在株式が存在しないため，記載しておりません。
3. 第83期及び第84期の潜在株式調整後1株当たり当期純利益については，潜在株式が存在しないため，記載しておりません。

4. 最高・最低株価は，2022年4月3日以前は東京証券取引所市場第一部におけるものであり，2022年4月4日以降は東京証券取引所プライム市場におけるものです。
5. 「収益認識に関する会計基準」（企業会計基準第29号 2020年3月31日）等を第83期の期首から適用しており，第83期以降に係る主要な経営指標等については，当該会計基準等を適用した後の指標等となっております。

２ 沿革

　当社は，大和ハウス工業株式会社（旧大和ハウス工業株式会社）の株式額面変更のため，1962年12月1日を合併期日として，同社を吸収合併いたしました。合併期日前の当社は休業状態にあり，従って，以下の沿革については実質上の存続会社である旧大和ハウス工業株式会社及び関係会社に関して記載しております。

1955年4月	・大和ハウス工業株式会社を創業
1955年4月	・創業商品「パイプハウス」を発売 　戦後の木材・資材不足の解決 　　鋼管（パイプ）構造による建築の考案によって「建築の工業化」に先鞭をつけました。
1957年4月	・我が国初の鋼管構造建築として日本軽量鉄骨建築協会より構造認定書を取得
1959年6月	・大和工商株式会社（現・大和リース株式会社，連結子会社）を設立
1959年8月	・大和梱包株式会社（現・大和物流株式会社，連結子会社）を設立
1959年10月	・東京，大阪市場店頭承認銘柄として株式公開
1959年10月	・「ミゼットハウス」を発売 　第1次ベビーブームによる住宅不足の解消 　　子どもたちの声をヒントにプレハブ住宅の原点「ミゼットハウス」を開発。 　3時間で建つ家として，今日の日本のプレハブ住宅の礎を築きました。
1960年9月	・軸組式プレハブ住宅を試作
1960年10月	・堺工場を開設
1961年6月	・大和団地株式会社（2001年4月当社と合併）を設立
1961年9月	・大阪証券取引所市場に株式上場
1961年10月	・東京証券取引所（現第一部）市場に株式上場
1962年4月	・プレハブ住宅（「ダイワハウスA型」）を発売
1962年12月	・株式額面変更のため，大和ハウス工業株式会社に吸収合併 （注）　大和ハウス工業株式会社（形式上の存続会社）は1947年3月4日商号花園工作所として設立。その後，三栄機工株式会社，大和ハウス工業株式会社（1962年4月）と商号を変更しました。

(point) 沿革

　どのように創業したかという経緯から現在までの会社の歴史を年表で知ることができる。過去に行った重要なM&Aなどがいつ行われたのか，ブランド名はいつから使われているのか，いつ頃から海外進出を始めたのか，など確認することができて便利だ。

1965年3月	・奈良工場（初のプレハブ住宅専門工場）を開設
1971年4月	・ダイワ住宅機器株式会社（現・株式会社デザインアーク，連結子会社）を設立
1973年11月	・奈良中央試験所を開設
1976年	・流通店舗事業の開始 ロードサイドにおける遊休価値の活用 　流通店舗事業の開始により，遊休土地を活用したいオーナー様と，店舗出店を希望するテナント企業様をマッチングし，新たな市場を生み出しました。
1978年2月	・日本住宅流通株式会社（現・連結子会社）を設立
1978年4月	・能登ロイヤルホテルをオープンし，リゾートホテル経営を開始
1980年8月	・ホームセンター第1号店を奈良市にオープン
1983年3月	・株式会社転宅便（現・大和ライフネクスト株式会社，連結子会社）を設立
1983年5月	・中華人民共和国上海市において外国人宿泊用施設を建設。以後，中国事業を本格化
1985年7月	・上海国際房産有限公司を設立し，中国における外国人向賃貸住宅施設の経営を開始し，以後北京市，大連市，天津市ほかで同様の事業を展開
1986年1月	・大和情報サービス株式会社（現・連結子会社）を設立
1989年10月	・シルバーエイジ研究所の設立
1989年10月	・大和リビング株式会社（現・連結子会社）を設立
1994年9月	・大和ハウス工業総合技術研究所を開設
1999年3月	・大阪・東京の新社屋完成
2001年4月	・大和団地株式会社と合併（存続会社は当社）
2001年6月	・全国13工場及び生産購買本部でISO14001の認証取得
2003年	・大型物流施設の開発 ネット社会の到来，物流改革への対応 　用地の提案，施設の設計施工から施設運営までサポートする当社の物流施設開発は，生活インフラ・産業インフラを支える物流産業の一翼を担っております。
2004年4月	・ホームセンター事業をロイヤルホームセンター株式会社（現・連結子会社）に会社分割により承継
2004年9月	・大和工商リース株式会社（現・大和リース株式会社）の株式を追加取得し，同社とその子会社4社を連結子会社化
2005年5月	・大和ハウスグループ中期経営計画を策定
2006年8月	・大和工商リース株式会社（現・大和リース株式会社），ダイワラクダ工業株式会社（現・株式会社デザインアーク），大和物流株式会社を株式交換により完全子会社化

2007年3月	・リゾートホテル事業の一部を大和リゾート株式会社（現・連結子会社）に事業譲渡により承継
2007年	・風力発電事業に参入 地球環境問題への貢献 　「21世紀は風・太陽・水」の事業が必要と考え，風力発電事業に参入しました。
2008年4月	・小田急建設株式会社（2015年10月株式会社フジタと経営統合（合併））の株式を取得し，持分法適用関連会社化
2008年5月	・大和ハウスグループ第2次中期経営計画を策定
2008年12月	・ビ・ライフ投資法人（現・大和ハウスリート投資法人）の投資口を取得し，スポンサーとなる
2009年9月	・株式会社コスモスライフ（現・大和ライフネクスト株式会社）の株式を取得し，完全子会社化
2010年4月	・ビ・ライフ投資法人（現・大和ハウスリート投資法人）においてニューシティ・レジデンス投資法人を吸収合併
2011年11月	・大和ハウスグループ第3次中期経営計画を策定
2012年4月	・大和リビング株式会社のサブリース事業を，大和リビングマネジメント株式会社（現・連結子会社）に会社分割により承継
2012年11月	・大和ハウスリート投資法人が，株式会社東京証券取引所不動産投資信託証券市場に上場
2013年1月	・株式会社フジタの株式を取得し，完全子会社化
2013年4月	・当社住宅ストック事業のうちリフォーム部門をダイワハウス・リニュー株式会社（現・大和ハウスリフォーム株式会社，連結子会社）に会社分割により承継
2013年6月	・株式会社ダイヨシトラスト（現・大和ハウスパーキング株式会社）の株式を取得し，子会社化
2013年6月	・株式会社コスモスイニシアの株式を取得し，子会社化
2013年7月	・東京証券取引所と大阪証券取引所の市場統合に伴い，大阪証券取引所市場第一部は，東京証券取引所市場第一部に統合
2013年11月	・大和ハウスグループ第4次中期経営計画を策定
2014年1月	・「xevo Σ（ジーヴォシグマ）」発売 自然災害への備えと長期優良住宅の普及へ貢献 　繰り返し地震に強い住宅として，断熱性・耐久性・遮音性を向上させ，さらに大空間・大開口を実現した商品「xevo Σ（ジーヴォシグマ）」を販売しました。
2014年8月	・単元株式数を1,000株から100株へ変更
2015年5月	・コーポレート・ガバナンスガイドラインを制定

(point) **事業の内容**

　会社の事業がどのようにセグメント分けされているか，そして各セグメントではどのようなビジネスを行っているかなどの説明がある。また最後に事業の系統図が載せてあり，本社，取引先，国内外子会社の製品・サービスや部品の流れが分かる。ただセグメントが多いコングロマリットをすぐに理解するのは簡単ではない。

2015年8月	・大和小田急建設株式会社（2015年10月株式会社フジタと経営統合（合併））を株式交換により完全子会社化
2016年5月	・大和ハウスグループ第5次中期経営計画を策定
2017年2月	・Stanley-Martin Communities, LLC（現・Stanley Martin Holdings, LLC）（アメリカ）の持分を取得し，子会社化
2018年2月	・Rawson Group Pty Ltd.（オーストラリア）の株式を取得し，子会社化
2019年5月	・大和ハウスグループ第6次中期経営計画を策定
2019年11月	・大和ハウスグループのガバナンス強化策を策定
2020年1月	・Trumark Companies, LLC（アメリカ）の持分を取得し，子会社化
2021年1月	・Flexbuild Holding B.V.（現・Daiwa House Modular Europe B.V.）（オランダ）の株式を取得し，子会社化
2021年4月	・事業本部制の本格運用を開始
2021年9月	・CastleRock Communities LLC（アメリカ）の持分を取得し，子会社化
2021年9月	・研修施設「大和ハウスグループみらい価値共創センター（コトクリエ）」開所 人財基盤の強化とみらい価値の創出 創業者石橋信夫のゆかりの地である奈良県で，国内外の社員教育だけでなく，地域の子どもから高齢者まで幅広い地域住民や異業種の企業，研究機関等とともに交流もできる施設として研修等を実施し，社会に求められる新たな価値の創出を目指します。
2021年10月	・ダイワロイヤル株式会社を消滅会社，大和情報サービス株式会社を存続会社とする吸収合併により経営統合し，統合後の社名を「大和ハウスリアルティマネジメント株式会社」に変更
2022年1月	・大和リビングマネジメント株式会社を消滅会社，大和リビング株式会社を存続会社とする吸収合併により経営統合
2022年4月	・東京証券取引所の市場再編に伴い，プライム市場へ移行
2022年5月	・大和ハウスグループ第7次中期経営計画を策定

3 事業の内容

　当社グループ（当社，連結子会社432社，持分法適用関連会社54社及び持分法非適用関連会社1社（2023年3月31日現在）により構成）においては，戸建住宅，賃貸住宅，マンション，商業施設，事業施設，環境エネルギー及びその他の7事業を主として行っており，生活基盤産業への総合的な事業を展開しており

ます。

　なお，当連結会計年度より，報告セグメントの区分を変更しております。詳細は，
「第5　経理の状況　1（1）連結財務諸表注記事項（セグメント情報等）」をご参
照ください。また，報告セグメント区分変更後の各事業における当社グループの
位置付け等は次のとおりです。

（戸建住宅事業）

　戸建住宅事業においては，戸建住宅の注文請負・分譲を行っております。

　[主な関係会社]

　Stanley Martin Holdings, LLC，Rawson Group Pty Ltd，Trumark Companies,
LLC，Castle Rock Communities LLC，大和ハウスリフォーム（株），大和ハウス
リアルエステート（株），（株）デザインアーク，大和ランテック（株），Daiwa
House Modular Europe B. V.

（賃貸住宅事業）

　賃貸住宅事業においては，賃貸住宅の開発・建築，管理・運営及び仲介を行っ
ております。

　[主な関係会社]

　大和リビング（株），North Clark LLC，大和ハウス賃貸リフォーム（株）

（マンション事業）

　マンション事業においては，マンションの開発・分譲・管理を行っております。

　[主な関係会社]

　（株）コスモスイニシア，大和房屋（常州）房地産開発有限公司，大和ライフネ
クスト（株），和宝（南通）房地産開発有限公司，玖心（常州）房地産開発有限公司,
玖心（蘇州）房地産開発有限公司

（商業施設事業）

　商業施設事業においては,商業施設の開発・建築,管理・運営を行っております。

　[主な関係会社]

　大和リース（株），大和ハウスリアルティマネジメント（株），ロイヤルホーム
センター（株），スポーツクラブNAS（株），大和ハウスパーキング（株）

(事業施設事業)

　事業施設事業においては，物流・製造施設，医療介護施設等の開発・建設,管理・運営を行っております。

　[主な関係会社]

　(株)フジタ，大和物流(株)，(株)ダイワロジテック，若松梱包運輸倉庫(株),神山運輸(株)，大和ハウスプロパティマネジメント(株)

(環境エネルギー事業)

　環境エネルギー事業においては，再生可能エネルギー発電所の開発・建築，再生可能エネルギーの発電及び電力小売事業等を行っております。

　[主な関係会社]

　大和エネルギー(株)，エネサーブ(株)

(その他事業)

　その他事業においては，建設支援事業，健康余暇事業，環境エネルギー事業及びその他の事業を行っております。

　[主な関係会社]

　大和リゾート(株)，PT Daiwa House Indonesia, Daiwa House Malaysia Sdn. Bhd.，(株)メディアテック，(株)伸和エージェンシー，大和ハウスフィナンシャル(株)，大和ハウスインシュアランス(株)，ダイワロイヤルゴルフ(株),大和ハウス・アセットマネジメント(株)，大和ハウス不動産投資顧問(株)

(注)　地域統括会社であるDH Asia Investment Pte. Ltd., Daiwa House Australia Pty Ltd, Daiwa House USA Holdings Inc., Daiwa House Texas Inc.については，上記7事業における主な関係会社に含まれておりません。

ⓟ point 関係会社の状況

　主に子会社のリストであり，事業内容や親会社との関係についての説明がされている。特に製造業の場合などは子会社の数が多く，すべてを把握することは難しいが，重要な役割を担っている子会社も多くある。有報の他の項目では一度も触れられていない場合が多いので，気になる会社については個別に調べておくことが望ましい。

[事業系統図]

以上述べた事項を事業系統図によって示すと次のとおりです。

2023年3月31日現在

社会インフラと生活文化を創造する多彩なバリューチェーン

土地情報・不動産を起点に、企画からアフターまでトータルに応える一気通貫体制

	創る			育む	再生する
	遊休地活用の提案 開発用地の選定取得 建物屋根上の活用	企画・開発	設計施工	運営・管理・リーシング・ アフターケア 不動産証券化	買取再販 改修・再整備

幅広い事業領域をカバーするグループ総合力			
戸建住宅	大和ハウス工業、デザインアーク、大和ランテック Stanley Martin Holdings, Trumark Companies, CastleRock Communities Rawson Group, Daiwa House Modular Europe	大和ハウスリフォーム 大和ハウスリアルエステート
賃貸住宅	大和ハウス工業	大和リビング 大和ハウス賃貸リフォーム
マンション	大和ハウス工業、コスモスイニシア	大和ライフネクスト
商業施設	大和ハウス工業、大和リース 大和ハウスパーキング	ロイヤルホームセンター、スポーツクラブNAS 大和ハウスリアルティマネジメント
事業施設	大和ハウス工業、フジタ ダイワロジテック	大和ハウスプロパティマネジメント 大和物流、若松梱包運輸倉庫、神山運輸
環境エネルギー	大和ハウス工業 大和エネルギー　エネサーブ	
その他	大和リゾート、ダイワロイヤルゴルフ、メディアテック、伸和エージェンシー 大和ハウスフィナンシャル、大和ハウスインシュアランス 大和ハウス不動産投資顧問、大和ハウス・アセットマネジメント	

4　関係会社の状況

名称	住所	資本金 (百万円)	主要な 事業の内容	議決権の 所有割合 (%)	関係内容
（連結子会社）					
Stanley Martin Holdings, LLC	アメリカ（バージニア州）	43,356	戸建住宅	94.1 (94.1)	役員の兼任等………有
Trumark Companies, LLC	アメリカ（カリフォルニア州）	15,803	戸建住宅	80.0 (80.0)	役員の兼任等………有
CastleRock Communities LLC ※1	アメリカ（テキサス州）	17,489	戸建住宅	80.0 (80.0)	役員の兼任等………有
大和ハウスリフォーム㈱	大阪市中央区	100	戸建住宅	100	当社所有の建物賃借 役員の兼任等………無
大和ハウスリアルエステート㈱ ※3	大阪市北区	729	戸建住宅	100	当社所有の建物賃借 役員の兼任等………有
㈱デザインアーク	大阪市西区	450	戸建住宅	100	建築部材等の購入及び 展示用建物のリース 当社所有の建物賃借 役員の兼任等………無
大和リビング㈱ ※4	東京都新宿区	100	賃貸住宅	100	当社所有の建物賃借 役員の兼任等………有
North Clark LLC	アメリカ（デラウェア州）	14,794	賃貸住宅	100 (100)	役員の兼任等………無
㈱コスモスイニシア ※2	東京都港区	5,000	マンション	64.1 (0.9)	債務保証 役員の兼任等………無
大和房屋（常州）房地産開発有限公司	中国（常州）	14,403	マンション	100	役員の兼任等………無
大和ライフネクスト㈱	東京都港区	130	マンション	100	マンションの管理、 ビルの管理 当社各事務所の警備・ 清掃・建築現場の警備 当社所有の建物賃借 役員の兼任等………有
和宝（南通）房地産開発有限公司 ※1	中国（南通）	46,479	マンション	100	役員の兼任等………無
玖心（常州）房地産開発有限公司 ※1	中国（常州）	28,659	マンション	100 (51.0)	役員の兼任等………無
玖心（蘇州）房地産開発有限公司 ※1	中国（蘇州）	35,175	マンション	75.0 (75.0)	役員の兼任等………無
大和リース㈱ ※1	大阪市中央区	21,768	商業施設	100	建物の建築発注及び 自動車等のリース 当社所有の建物賃借 資金の貸付 役員の兼任等………有
大和ハウスリアルティマネジメント㈱	東京都千代田区	200	商業施設	100	当社所有の建物賃借 役員の兼任等………有
ロイヤルホームセンター㈱	大阪市西区	100	商業施設	100	当社所有の建物賃借 資金の貸付 役員の兼任等………無
㈱フジタ	東京都渋谷区	14,002	事業施設	100	資金の貸付 役員の兼任等………有
大和物流㈱	大阪市西区	3,764	事業施設	100	当社工場製品の輸送 当社所有の建物賃借 資金の貸付 役員の兼任等………無
大和リゾート㈱	東京都千代田区	100	その他	100	当社ホテルの運営管理の委託 当社所有の建物賃借 資金の貸付 役員の兼任等………無
PT Daiwa House Indonesia	インドネシア	14,213	その他	100 (25.0)	役員の兼任等………有
Daiwa House Malaysia Sdn. Bhd.	マレーシア	11,040	その他	100 (100)	役員の兼任等………有
DH Asia Investment Pte. Ltd. ※1	シンガポール	95,691	—	100	役員の兼任等………無
Daiwa House Australia Pty Ltd ※1	オーストラリア（ニューサウスウェールズ州）	50,077	—	100 (100)	役員の兼任等………無
Daiwa House USA Holdings Inc. ※1	アメリカ（テキサス州）	172,260	—	100	債務保証 役員の兼任等………有
Daiwa House Texas Inc. ※1	アメリカ（テキサス州）	45,229	—	100 (100)	債務保証 役員の兼任等………無
その他406社					

---

point　従業員の状況

主力セグメントや，これまで会社を支えてきたセグメントの人数が多い傾向があるのは当然のことだろう。上場している大企業であれば平均年齢は40歳前後だ。また労働組合の状況にページが割かれている場合がある。その情報を載せている背景として，労働組合の力が強く，人数を削減しにくい企業体質だということを意味している。

名称	住所	資本金 (百万円)	主要な 事業の内容	議決権の 所有割合 (%)	関係内容
(持分法適用関連会社)					
日本住宅ローン㈱	東京都渋谷区	1,000	その他	26.0	役員の兼任等………無
その他53社					

(注) 1. 主要な事業の内容欄には，セグメント情報に記載された名称を記載しております。

2. 議決権の所有割合の（ ）内は，間接所有割合を内数で表示しております。

3. ※1 特定子会社に該当しております。

※2 有価証券報告書を提出しております。

※3 日本住宅流通（株）は2023年1月1日付で，大和ハウスリアルエステート（株）に商号変更しております。

※4 大和リビング（株）については，売上高（連結会社相互間の内部売上高を除く。）の連結売上高に占める割合が10％を超えております。

主要な損益情報等　(1) 売上高　　　　619,994百万円

(2) 経常利益　　　 43,291百万円

(3) 当期純利益　　 30,871百万円

(4) 純資産額　　　 94,398百万円

(5) 総資産額　　　212,762百万円

5　従業員の状況

(1)　連結会社の状況

（2023年3月31日現在）

セグメントの名称	従業員数（人）	
戸建住宅	9,917	[2,395]
賃貸住宅	7,309	[2,041]
マンション	8,113	[4,286]
商業施設	8,351	[6,204]
事業施設	10,143	[5,724]
環境エネルギー	869	[315]
その他	4,122	[1,772]
全社（共通）	944	[－]
合計	49,768	[22,737]

(注)　従業員数は就業人員数であり，臨時雇用者数は［ ］内に年間の平均人員（ただし，1日勤務時間8時間換算による）を外数で記載しております。

(2) 提出会社の状況 ···

従業員数（人）	平均年齢（歳）	平均勤続年数（年）	平均年間給与（円）
16,093 [4,309]	40.1	15.4	9,282,701

(注) 平均年間給与については，賞与及び基準外賃金を含んでおります。

セグメントの名称	従業員数（人）
戸建住宅	4,109 [1,529]
賃貸住宅	4,117 [832]
マンション	586 [190]
商業施設	3,224 [874]
事業施設	2,637 [736]
環境エネルギー	466 [142]
その他	62 [6]
全社（共通）	892 [－]
合計	16,093 [4,309]

(注) 従業員数は就業人員数であり，臨時雇用者数は [ ] 内に年間の平均人員（ただし，1日勤務時間8時間換算による）を外数で記載しております。

(3) 労働組合の状況 ···

現在，一部の連結子会社において労働組合を結成しておりますが，労使関係について特記すべき事項はありません。

(point) 業績等の概要

この項目では今期の売上や営業利益などの業績がどうだったのか，収益が伸びたあるいは減少した理由は何か，そして伸ばすためにどんなことを行ったかということがセグメントごとに分かる。現在，会社がどのようなビジネスを行っているのか最も分かりやすい箇所だと言える。

　文中の将来に関する事項は，当連結会計年度末現在において当社グループが判断したものであり，その達成を保証するものではありません。

"将来の夢" の実現に向けて着実に歩みを進めます

"将来の夢" の周知と理解
創業者から受け継いだ理念や考え方を継承していくことは，私の使命

　「生きる歓びを分かち合える世界の実現に向けて，再生と循環の社会インフラと生活文化を創造する。」

　これが，2022年5月，私たちがこれから向かうべき方向として発表した"将来の夢"（パーパス）です。

　創業者の著書『わが社の行き方』（※）の冒頭には，「"将来の夢"が人や企業を成長させる」とあります。そこで私たちは，持続的な成長のためには"将来の夢"を描き続けることが大切であると考え，100周年を迎える2055年に向けた"将来の夢"をパーパスとして策定しました。

　策定にあたっては，学生などの若い世代や様々なステークホルダーの想いも聞きながら，時代に合わせて変えていくべきもの，残すべきものについても議論を重ねました。その結果，"将来の夢"は，ステークホルダーの皆さまへの感謝の気持ちを持ち続け，そして寄り添っていくという私たちの志。そして，ステークホルダーの皆さまから私たちに託された想い，その両方が込められたものになりました。"将来の夢"プロジェクトは次の時代に向かっていくための企業風土醸成と第7次中期経営計画（以下，7次中計）の加速にもつながると考えています。"将来の夢"実現に向けて経営の舵をきっていることに，社員一人ひとりが共感し，自分ごととして取り組んでもらうためにも，引き続き，全国の事業所を訪問し，コミュニケーションを深めていきます。また2055年に会社を引っ張っているであろう若手社員との対話も積極的に続けていきたいと考えています。

※創業者の想いや企業精神が記載された創業者精神を継承するための書籍。

生きる歓びを分かち合える世界の実現に向けて、
再生と循環の社会インフラと生活文化を創造する。

私たち大和ハウスグループは創業以来、
「儲かるからではなく、世の中の役に立つからやる」
「"将来の夢"が人や企業を成長させる」という
創業者の想いとともに歩んできました。

今、私たちが描く"将来の夢"は、
人々の「生きる」が地球と豊かに調和し、
一人ひとりが自分らしく、
おたがいが認めあい、活かしあい、輝きあう世界の実現です。

私たちは、「人・街・暮らしの価値共創グループ」として、
あらゆる人々と心をつなぎ、
自然と共生する街づくりと、幸福で活力にあふれた生き方の創造を通じて、
未来の景色を拓いていきます。

生きる歓びを、未来の景色に。

第7次中期経営計画初年度の振り返り
資本効率向上を強く意識した1年

財務目標

売上高	5兆5,000億円
営業利益	5,000億円（営業利益率9.1%）
当期純利益	3,400億円
ROE 13%以上	配当性向 35%以上
D/E レシオ	0.6倍程度

※ 営業利益は退職給付数理差異除く。当期純利益は
　親会社株主に帰属する当期純利益。

　7次中計初年度は，計画策定時の想定を超える大きな環境変化がありました。中国のゼロコロナ政策，ウクライナ情勢，資材価格の高騰，大幅な円安の進行，急激な金利の上昇など計画の前提条件が覆されることとなりました。加えて2021年12月に22日間の営業停止という行政処分を受け，2022年度は受注残高が前年度の期首と比べて少ない状況からのスタートでもありました。しかし，創業者の「ピンチの時がチャンス。厳しいときほど大和ハウスは成長する」という言葉の通り，不測の事態に直面した時こそ当社グループの「スピード」や「創意・誠意・熱意」を持った強さを改めて示せたと思います。

　この7次中計は「持続的成長モデルの進化」に取り組む5年間として積極的な不動産開発投資を行っていますが，今後の金利上昇を見据え，投資のハードルレー

トとしているIRR（内部収益率）の基準をいち早く引き上げました。当社は，従来から不動産開発，海外事業，M&A等の事業投資については，資本効率やリスクの検証はもちろんのこと，地球環境や地域社会との調和を目指した「世の中の役に立つ」ための社会的価値（社会的インパクト）の創出という観点から意思決定を行っています。今回のハードルレートの引上げに際し，収益性だけではなくサステナビリティ観点も強化するという点から，ICP（インターナルカーボンプライシング）（※）を活用した投資判断基準も併せて導入しました。一方，利益成長と資本効率向上の両立に向けては，事業ポートフォリオの見直しを進めています。2022年12月にはリゾートホテル事業の事業譲渡を決断しました。施設の老朽化という経営上の課題があり，業績不振の状態が続いていましたが，判断するうえで重視したのは「当社がベストオーナーか」という点でした。さまざまな選択肢のなかから，この事業を本当に輝かせるためにできることは何かを考え，多くのリゾートホテルを運営し，様々な事業上のシナジーが期待できる相手先に譲渡することにしました。

　業績については，売上高は過去最高を更新しました。営業利益については，退職給付会計における数理計算上の差異等966億円を営業費用の減額として計上したこともあり，過去最高を更新しました。実質の営業利益ベースでも，公表計画を超える増益となりました。経営環境は回復傾向にあります。特に新型コロナウイルス感染症の影響が大きかったホテル・スポーツクラブ運営事業も，この1年でほぼコロナ前の状況に回復しました。一方，資材やエネルギー価格高騰の影響を受け，売上総利益率については，想定より回復が遅れています。しかしながら，この1年で原材料価格や労務費高騰への対応として販売価格への転嫁を進めており，2023年度以降での回復が期待できます。ROEは14.3％となり，安定的な株主還元として13期連続の増配も実現することができました。しかし2023年3月末時点ではPBRが1倍を切っている状況につきましては，忸怩（じくじ）たる思いです。投資が，将来の収益に貢献する事が資本市場に十分に伝わっていないことも影響しているのではないかと分析しています。回収を進めると共に，引き続き資本効率を意識した経営に取り組みながら，株主・投資家の皆さまと対話することで，評価につなげていきたいと考えています。

※脱炭素の推進を目的に，企業独自で炭素価格を設定する制度。

2023年度における課題と成長ドライバー

リスクや課題を認識しながら時代に即した社会課題解決の事業を継続する

　2023年度については，まず海外事業は厳しい年になると見ています。急激かつ度重なる政策金利上昇の影響により米国住宅事業が2022年後半に減速したことや，中国マンションの引渡戸数の反動減による売上・利益の減少を見込んでいます。一方，当社グループの事業の中心である国内事業については，商業・建築系の請負事業は回復の兆しがあり，さらに物流施設を中心とした開発物件の売却を引き続き推進していきます。加えてデータセンターなどの新しいアセットタイプの建設請負や開発案件にも取り組みます。また，地域に密着した土地情報力を活かした分譲事業を近年強化しており，優良な物件の確保と売却は想定以上にスピーディーに実現できています。

　金利の動向は，引き続き懸念事項として注視しています。そのほかウクライナ情勢，米中関係を含めた地政学的リスクについても注視が必要です。海外事業は今後も拡大させていく方針ですが，グローバルサプライチェーンの分断による資材不足，エネルギーコストの高騰などに備えたリスク管理など，あらゆる方策をとりながらリスク低減を図っていきます。

　時代に即した社会課題解決型の事業としては，世界の人口が増加しているなかで悪化する食糧事情を見据え，当社が手掛ける工業団地内で日本最大級のサーモンの陸上養殖施設を開発しました。さらに地震や気候変動に伴う気象災害などへの対処として，物流施設や商業施設を地域の防災拠点にするなどの地域協定なども締結しています。社会に選ばれる企業グループであり続けるために，時代の変化に対応し，お客さまにとっての付加価値創出に引き続き取り組んでいきます。

　また建設労働者不足や，2024年度から建設業も適用を受けることになる改正労働基準法への対応，いわゆる建設業における2024年問題も対応すべき重要課題です。当社では，技術者不足への対応として，工業高校の学生を採用し，全額会社負担による専門学校での学習を通じて，建築現場の監督者に育成する取り組みを2018年度より進めています。

6つのマテリアリティの取り組み ···

①サーキュラーエコノミー&カーボンニュートラル

地球環境に対する想いを全従業員で共有し，未来の社会を支える まちづくりを推進

脱炭素への挑戦は，未来の子どもたちの「生きる」を支える取り組みの一つであり，当社グループは2050年までにカーボンニュートラルの実現を目指すという方針を公表しています。環境課題に対しては，創業者が「21世紀は『風と太陽と水』を事業化すべき」と語っていたこともあり，いち早く取り組んできたという自負を持っていますが，ZEHの普及に関してはやや後れを取っているという認識です。その後れを取り戻す意味でも，私たちは2030年度までに当社グループが新たに提供するすべての建物を原則ZEH・ZEB率100%，またすべての建物に太陽光発電設備を搭載するという目標を設定しました。

　具体的な取り組み事例としては，2022年10月に標準仕様でZEH-M Orientedに対応した賃貸住宅商品「TORISIA（トリシア）」を発売。分譲マンションでは2024年度以降に着工するすべての「プレミスト」に原則ZEH-M仕様を採用することに決めました。そのほか新築する自社施設のZEB化を進めるとともに，お客さまへのZEB提案も強化しています。また，他の事業との大きなシナジーが期待できる環境エネルギー事業は，「つくる責任・つかう責任」の観点からも，重要な役割を果たすことができると考えています。建物屋根や遊休地の活用に加え，多くの建物を供給する当社だからこそできる再生可能エネルギー電力の普及や，再エネ100%のまちづくりに取り組んでいきます。

　RE100（事業活動で使用する電力の100%を再生可能エネルギーでまかなう）に向けた取り組みとしては，2022年度に大和ハウス工業単体での購入電力の再エネ100%を達成することができました。グループ全体でのRE100については，響灘火力発電所のグループ入りの影響もあり，2025年度の達成を目指しています。響灘火力発電所のバイオマス専焼化は大和ハウスグループにとって大きな

チャレンジとなりますが，これを好機と捉え，再生可能エネルギー供給量のさらなる拡大を目指すとともに，これまで以上に「再生可能エネルギーの自給自足」に取り組み，再生可能エネルギーの普及とRE100達成の両立を進めていきます。

　2022年度を振り返ると，地球環境の保全に資する事業を推進したいという思いで，ICPを活用した投資基準を導入しましたが，地球環境に対する想いは広く社員に浸透してきていると感じています。さらに，まちをつくった責任として，作品となるまちに対して愛着を持ち，そこに住む方々をフォローして笑顔にしていくという良い流れもできてきました。「生きる場所」も大和ハウス，使う電気も大和ハウスという環境を提供することで，当社グループにより親しみを感じていただけると思います。今後は脱炭素だけでなく，サーキュラーエコノミーを実現するまちの設計にもチャレンジしていきたいと考えています。

②地域社会の再生

「創る・育む・再生する」循環型バリューチェーンを各事業が全国で展開

　循環型バリューチェーンの「創る・育む・再生する」については，各事業で取り組みを進めています。「創る」を起点として，CS（アフターサービス），管理運営，リフォームと長期にわたり信頼関係を「育み」・「再生する」ことで，お客さまとともに豊かな暮らしを作っていきます。そのような日々を積み重ね，やがて建物がその役目を終え，次の役割に向けて再びお客さまから当社へのご依頼がつながるよう，お客さまと建物への責任を果たしていきたいと考えています。

　再生事業のグループブランドとしては「リブネス（Livness）」を打ち出しております。リブネス事業は，仲介・リフォーム・買取再販と定義し，戸建住宅・賃貸住宅で進めていましたが，大型のビル，商業施設などでの取り組みも増加し始めており，業績は着実に拡大しています。また，まちの「再耕」であるリブネスタウンプロジェクトでは，各住宅団地のニーズに合わせた独自の取り組みが各所で進みました。2022年度からは2拠点居住制度を導入し，社員が各団地に常駐して住民の方と同じ目線で日常生活の課題共有を始めています。

🔵point 生産，受注及び販売の状況

　　生産高よりも販売高の金額の方が大きい場合は，作った分よりも売れていることを意味するので，景気が良い，あるいは会社のビジネスがうまくいっていると言えるケースが多い。逆に販売額の方が小さい場合は製品が売れなく，在庫が増えて景気が悪くなっていると言える場合がある。

さらに地域社会の再生という点で，大きな成果が出始めているのが公設卸売市場の建て替え支援事業です。その第1号案件として手がけている富山市の公設卸売市場は100億円規模の再開発事業となっており，地方に再び賑わいをもたらす新しい事業スキームとしての社会的価値を認識しています。全国の地方自治体からも見学のご用命を受けていますので，今後，積極的に展開していく予定です。

③グローバリゼーション

海外においても現場主義で各地域特性を踏まえた事業展開

海外事業については，事業を展開する地域に沿って貢献できるビジネスモデルは何かをふまえた上で，地域密着型の事業を展開しています。7次中計の海外重点地域の一つとして位置づけている米国については，2022年度前半は米国3社（Stanley Martin, Trumark, CastleRock）が好調に推移しましたが，住宅ローン金利3％が年度後半には7％台へと急激に上昇したことなどから，お客さまの買い控えやキャンセル等が発生し，住宅供給実績としては6,010戸となりました。しかし，米国の住宅需要は引き続き人口増加を背景に底堅いと見ています。リスクを見極めつつも現状をチャンスと捉え，将来に向けて優良な土地の確保を進めています。

2023年4月には，私がずっと考えていた米国3社のトップが一堂に会する，ニューヨークでの会合が実現しました。海外事業での売上高1兆円，営業利益1,000億円の達成に向けて，米国住宅事業における経営課題や対策について議論し，「良質な住宅を安定的に供給する」という私たちの使命を共有しました。人手不足を見据えた「工業化」の手法導入は今後の米国事業の展開にとって重要な鍵になると考えています。品質へのこだわりと，安定的かつ短工期での住宅供給のために，オフサイト化に向けたパネル化比率の向上への取り組みも徐々にスタートしています。単発的なプロジェクトではなく地域に密着した事業だからこそ，積極的に取り組むことで大きな成果を上げたいと考えています。

一方，中国や東南アジアについては，地政学的リスクを踏まえ，積極的に資金

投下するというより，回収を優先事項として，リスクヘッジをしながら慎重に進めています。

さらに欧州では，2020年にグループ入りしたDaiwa House Modular Europeを中心に工業化建築の一つであるモジュラー建築商品の販売やレンタル事業を手がけていますが，紛争や戦争，自然災害などにより仮設住宅が必要とされる事態になったときに，現地でユニットが生産できるという強みを発揮できるのではないかとも考えています。陸続きであるということは，広い地域に陸上輸送が可能という特性を生かせます。そして，そこに子会社の大和リースを中心に当社グループが日本国内で培った復興支援・まちづくりのノウハウも役立てることができるのではないか，と考えています。大和ハウスグループは1955年の創業以来，「儲かるからではなく，世の中の役に立つからやる」という創業者・石橋信夫の想いとともに歩んできました。世界でも当社の存在意義を示し，社会的価値を創出したいと考えています。

またグループ集中購買については，2022年度に大和ハウス・フジタ・大和リースの購買組織を集約し，ノウハウの共有，購買単価の検証を実施しました。2023年度は購買組織を一体化して，グループ購買関与額の拡大をさらに加速させていきます。加えて，米国住宅3社においても，スケールメリットを活かしたグループ購買が実現できれば，さらに収益性を高めることができるものと考えています。

④DE&I

長所軸を見て，個々が輝き活躍できる仕組みを整備する

人的資本経営に向けては，従業員一人ひとりの可能性を広げ，成長を実感できる仕組みづくりに注力しています。社是に「事業を通じて人を育てる」とあるように，「人財」は企業価値の源泉です。当社の歴史を見ると，当社グループはこれまでも多様な経歴を持つ人財を採用し，活躍する機会を提供し，そして従業員の個性やスキルを持ち寄ることによって，新しい価値を生み出し発展してきました。私が管理職に常々言っているのは，部下を長所軸で見

(point) **対処すべき課題**

有報のなかで最も重要であり注目すべき項目。今，事業のなかで何かしら問題があればそれに対してどんな対策があるのか，上手くいっている部分をどう伸ばしていくのかなどの重要なヒントを得ることができる。また今後の成長に向けた技術開発の方向性や，新規事業の戦略ついての理解を深めることができる。

ることの重要性です。その姿勢は今後も変わりません。"将来の夢"のステートメントにあるとおり，「おたがいが認め合い，活かしあい，輝きあう」ための制度を今後も整えていきます。DE&Iについては，2022年度に特定したKPIを指標に，進捗管理をしながら着実に取り組みを進めていきます。

⑤デジタル変革

デジタル活用により，顧客基盤と技術・ものづくり基盤を強化する

デジタル変革としては，デジタルを活用した新しい価値提案を進めています。例えば，国内の戸建住宅事業では，売り方改革の一環として，過去にご契約いただいた膨大なデータプランを分析し，ビックデータを活用した「3Dファストプラン」の運用を2023年1月より開始しました。この取り組みは，運営費用の負担の大きい住宅展示場から効率的な営業スタイルへ転換できるだけでなく，何よりお客さまのニーズにあったプランを3Dで瞬時にご提示できることは，顧客満足度の向上ひいては顧客基盤の強化につながると考えています。

また建設労働者の高齢化，人財不足に対しては，デジタル技術を活用した現場作業の効率化や省人化・無人化について国土交通省とも協調しながら進めています。当社だけの問題ではなく，業界全体の問題として取り組み，技術・ものづくり基盤の強化につなげていきます。

⑥ガバナンス

大和ハウスのDNAを引き継ぐ後継者育成計画を推進

リスクマネジメントの観点からは，企業風土醸成は重要な経営課題の1つです。社会の期待に応える使命感と倫理観を持ち，自らを律することのできる従業員が増えることが，企業が抱えるさまざまなリスクの低減につながります。私はそのためのマネジメントの在り方を重要視しています。2020年7月に導入した「後継者育成計画（D-succeed）」は，経営人財への登竜門となる支店長を選抜育成する制度ですが，彼らの特性を活かし，それぞれの能力に合った適所に配置して，経験を通じて潜在的な能力を引き出すことで，人財の育成を促しています。当然，

(point) 事業等のリスク

「対処すべき課題」の次に重要な項目。新規参入により長期的に価格競争が激しくなり企業の体力が奪われるようなことがあるため，その事業がどの程度参入障壁が高く安定したビジネスなのかなど考えるきっかけになる。また，規制や法律，訴訟なども企業によっては大きな問題になる可能性があるため，注意深く読む必要がある。

大和ハウスグループのDNAの継承もされなければなりません。

　人的資本の価値向上の観点からは，さらなる業務効率化を目指すとともに，事業戦略を踏まえた約7万人のグループ従業員の，適所適材を考慮した「人財戦略」を進めていく必要があります。そこで経営戦略と機能戦略を分けて経営課題に取り組めるよう，2023年4月より経営戦略を司る経営企画部門をCEO直轄に変更しました。一方で，事業所評価においては，評価項目における業績数字の割合を下げ，人財育成・法令遵守・顧客満足度等の割合を高め，未来に実績を残せる組織であるか否かを判断できるよう見直しました。これらの取り組みにより，当社グループのさらなる成長の土台を固めていきます。

ステークホルダーの皆さまへ
ステークホルダーの皆さまと "将来の夢" を共創し，企業価値の向上を目指し続ける

　私は毎年年初にその年を表す漢字一文字を選んでいます。2023年は「筋道から外れない。守りながら成長を持続し続ける」との想いを込め「遵（じゅん）」という文字を選びました。当社グループ従業員の『遵法精神』は醸成されてきてはいますが，今一度従業員一丸となって「守り」を徹底し，王道をまい進していきます。

　大和ハウスグループは，創業時から社会課題に向き合い，世の中に多くの建物やサービスを供給することで，常に新しい景色を拓いてきました。困難な状況にあっても諦めることなく目標を達成する力は，まさに創業者が築いてきた，私たちが未来に残すべき強みの一つであると確信しています。私はCEOとして大和ハウスグループがどのような企業であるか，強みを適切に評価していただけるよう情報発信にも努めてまいります。

　「愛される大和ハウスに」という創業者の言葉を胸に，ステークホルダーの皆さまと共に "将来の夢" の実現に向けた責任と役割を果たすことで企業価値の向上を目指し続けます。

当社グループのサステナビリティに関する考え方及び取組は次のとおりです。

なお，文中の将来に関する事項は，当連結会計年度末現在において当社グループが判断したものです。

当社グループでは，“将来の夢”（パーパス）を起点とした世の中の役に立つ「事業の推進」によるキャッシュ・フローの創出と，世の中の変化に対応した「基盤の強化」によるサステナビリティの向上を両立するビジネスモデルによって，事業を通じて社会課題を解決し，ステークホルダーからの信頼・共感を得ることで，次の事業機会・事業投資へ繋げる［価値創造プロセス］を実現しております。この価値創造プロセスの好循環により，持続的な企業の成長と社会課題に解決に取組むことで，企業価値の向上と“将来の夢”の実現を目指しております。

当社グループにおいて，サステナビリティ課題に取組むことは，企業の価値創造の源泉や強み，ビジネスモデルを強化することであり，将来キャッシュ・フローひいては事業の持続的成長ならびに企業価値の維持・向上につながるものと捉えており，環境・社会の観点から世の中の変化に対応した取組みを進めております。

［価値創造プロセス］

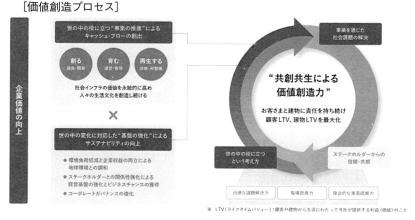

1．サステナビリティ全般 ･･

（1） ガバナンス

当社グループは長期視点での経営課題をマテリアリティ（最重要課題）として

特定し，短・中期においては中期経営計画の方針に落とし込み，企業のサステナビリティのための課題解決に取組んでおります。マテリアリティならびに中期経営計画の進捗は，定期的に取締役会へ報告しております。

　特に，SDGs・ESGへの取組みについては，全社環境推進委員会およびサステナビリティ委員会から重要な情報の提供を受けたうえで，コーポレートガバナンス委員会において，意見交換を行っております。全社環境推進委員会は，当社グループが取組むべき環境活動の基本的事項について審議・決定し，全社の環境活動を指示・統括しております。

　サステナビリティ委員会は，ESG課題のうち，従業員や取引先との関係性等，特に「社会」の分野を中心とした重要課題の現状を把握したうえで，改善内容について審議・決定し，当該決定に関する全社の取組みを指示・統括しております。

(2)　リスク管理

　中長期的に大きな影響を与えるリスクとしては，環境に関する（気候変動）リスクや，人財基盤に関わるリスク，人権に関するリスク，情報セキュリティに関するリスク，コンプライアンスリスク等を認識しており，全社的なリスク管理プロセスに統合してマネジメントしております。リスク・機会の特定・評価は，中期経営計画や環境行動計画の策定に合わせて，詳細分析を行い，同計画の重要課題の特定や主要施策，目標水準に反映しております。

2.　気候変動への対応 ……………………………………………………………

　当社グループでは，創業100周年にあたる2055年を見据えた環境長期ビジョン「Challenge ZERO 2055」を策定しております（※）。また，特に重要な7つの目標を「チャレンジ・ゼロ」として2030年のマイルストーンを明確にしているほか，マテリアリティの1つに「サーキュラーエコノミー＆カーボンニュートラル」を掲げ，全社の取組みを加速させております。

　気候変動の緩和と適応は，当社グループが取組むべき最も重要なテーマの1つであり，着実な取組みを進めるために，第7次中期経営計画では重点テーマの1つに「すべての建物の脱炭素化によるカーボンニュートラルの実現（カーボンニュートラル戦略）」を掲げ，カーボンニュートラル戦略を策定するとともに，環

境行動計画「エンドレスグリーンプログラム2026」ではより詳細な目標を設け，取組みを推進しております。

※　気候変動に関しては，社会的要請をふまえ2050年としております。

（1）　ガバナンス

　当社グループでは，「気候変動の緩和と適応」を重要な経営課題の1つに位置づけ，気候変動戦略の遂行に責任をもつ環境担当役員を選任。統括責任者を当社代表取締役社長（CEO），委員長を当社環境担当役員とする「全社環境推進委員会」を設置しております。年2回実施する当委員会は，気候変動を含む当社グループの環境活動に関する基本的事項および環境に関するリスクや機会について審議・決定し，全グループの環境活動を統括しております。

　また，中期経営計画に合わせて策定している環境行動計画「エンドレスグリーンプログラム」（気候変動問題を含む）は，環境経営に関する重要な事項として，取締役会への報告事項としており，年1回，環境担当役員が取締役会に進捗状況を報告し，適宜，戦略や目標，計画等の見直しを行っております。

　2022年度は，「エンドレスグリーンプログラム2026」の最終計画を決議するとともに，「エンドレスグリーンプログラム2021」の全社実績について取締役会でレビューを実施いたしました。その結果，ZEH・ZEBのさらなる推進を図るよう指示があり，各事業本部において取組みを強化いたしました。

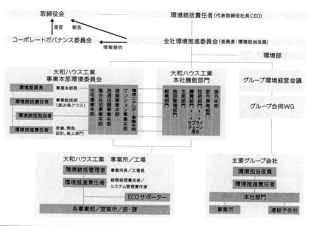

■環境マネジメント体制

会議体	主なメンバー	気候変動に関する主な役割	開催頻度
取締役会	取締役、社外取締役	気候変動戦略の監督	月1回程度
コーポレートガバナンス委員会	代表取締役、社外取締役、監査役、社外監査役	気候変動戦略に関する重要事項について討議のうえ、取締役会に提言	年2回程度
全社環境推進委員会	環境担当役員、事業本部環境統括責任者、本社機能部門長	気候変動戦略の立案・審議・決定、全社管理指標の進捗管理	年2回程度
グループ環境経営会議	グループ会社環境担当役員	気候変動戦略のグループ展開	年2回程度
事業本部環境委員会	事業本部長、環境統括責任者、環境推進責任者	気候変動戦略の実行、個別管理指標の進捗管理	年2回程度

(2) 戦略

　気候変動にともなうリスクと機会には，脱炭素社会に向かうなかで生じる規制の強化や技術の進展，市場の変化といった「移行」に起因するものと，地球温暖化の結果として生じる急性的な異常気象や慢性的な気温上昇といった「物理的変化」に起因するものが考えられます。また，その影響は短期のみならず，中長期的に顕在化する可能性もあります。そこで当社グループでは，気候変動にともなうさまざまな外部環境の変化について，その要因を「移行」と「物理的変化」に分類のうえ，影響を受ける期間を想定し，財務影響を評価し，重要なリスクと機会を特定しております。

　また，当社グループでは特定したリスクと機会をふまえ，将来の外部環境の変化に柔軟に対応した事業戦略を立案するため，複数のシナリオを用いて，事業への影響評価を実施しております。シナリオ分析にあたっては，「移行」が進むシナリオとして1.5℃シナリオを参照，極端な「物理的変化」が進むシナリオとして4℃シナリオを参照し，事業戦略の妥当性を検証しております。

　今般実施した簡易シナリオ分析では，いずれのシナリオにおいても，2030年時点における将来シナリオを想定し，当社グループの提供するネット・ゼロ・エネルギー住宅や建築物の需要，環境エネルギー事業等の拡大が見込まれ，その収益増は負の財務影響を上回る見込みであることを確認し，リスク対応の妥当性とより積極的な事業機会獲得の重要性を再認識いたしました。これらの分析を踏まえ，2030年までに「原則全棟ZEH・ZEB化，原則すべての新築建物の屋根に太陽光発電を搭載する」との方針を決定し，ZEH率・ZEH-M率・ZEB率を第7次

(point) **財政状態，経営成績及びキャッシュ・フローの状況の分析**

　「事業等の概要」の内容などをこの項目で詳しく説明している場合があるため，この項目も非常に重要。自社が事業を行っている市場は今後も成長するのか，それは世界のどの地域なのか，今社会の流れはどうなっていて，それに対して売上を伸ばすために何をしているのか，収益を左右する費用はなにか，などとても有益な情報が多い。

中期経営計画における重要管理指標の1つに設定いたしました。

　なお，分析の対象は当社グループのコア事業である戸建住宅・賃貸住宅・マンション・商業施設・事業施設・環境エネルギー事業を対象に，重要なリスク・機会に限っての簡易分析としております。今後は対象となる事業のさらなる拡大を図るとともに，リスク・機会の網羅性の向上や，シナリオ分析の精緻化等にも取組んでまいります。

戦略策定のステップ

［気候変動に関する主なリスクと機会］

影響を受ける期間：短期（1年未満），中期（1年以上5年未満），長期（5年以上）
財務影響の程度：小（100億円未満），中（100億円以上1,000億円未満），大（1,000億円以上）

	種類		内容	影響を受ける期間	財務影響の程度
リスク	移行	政策・法規制	建築物省エネ法の規制強化にともなう仕様変更による原価増	短期	中
			炭素税や排出量取引制度の拡大による運用コストの増加	中期	小
		評判	石炭火力発電所の脱炭素化を図るための転換費用の発生	中期	中
	物理的変化	慢性	夏季の最高気温上昇にともなう施工現場での熱中症発症リスクの増大	短期	小
		急性	気象災害による自社施設の損害発生および保険料の増加	短期	小
			気象災害によるサプライチェーンにおける資材調達及び工事遅延の影響	短期	小
機会	移行	製品／サービス	温室効果ガス排出量の少ない住宅・建物の需要増	短期	中
			再生可能エネルギーの需要増による環境エネルギー事業の拡大	短期	中
	物理的変化	製品／サービス	気象災害に備えた住宅・建物の需要増	中期	中

［カーボンニュートラル実現のための移行計画］

　当社グループは，「気候変動の緩和と適応」を重要な経営課題と位置づけ，環境長期ビジョンに掲げる「2050年カーボンニュートラルの実現」に向けた挑戦を続けております。

　2022年度からスタートした第7次中期経営計画の「カーボンニュートラル戦略」

では，バリューチェーンを通じた温室効果ガス排出量（スコープ1・2・3）を2030年までに40%削減（2015年度比）することをマイルストーンに設定し，全事業，全方位で取組みを加速させます。なかでも，当社グループが直接関与する事業活動におけるGHG排出量（スコープ1・2）については，「自社発電由来の再生可能エネルギーによるRE100（再エネ利用率100%）の早期達成」等を通じて，2030年までに70%削減（2015年度比）することを目指します。また，最も排出量の多い販売建物の使用によるGHG排出量（スコープ3/カテゴリ11）については，すべての事業において原則として，「全棟ZEH・ZEB化，全棟太陽光発電搭載」を推進し，2030年までに63%削減（2015年度比）することを目指してまいります。

■カーボンニュートラル実現のための移行計画（スコープ別温室効果ガス排出量削減の計画）

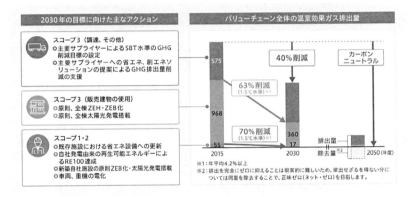

（3） リスク管理

　気候変動リスクは，中長期的に大きな影響を与えるリスクの1つと認識し，全社的なリスク管理プロセスに統合してマネジメントしております。リスク・機会の特定・評価は，中期経営計画や環境行動計画の策定に合わせて，概ね3〜5年おきに詳細分析を行い，同計画の重要課題の特定や主要施策，目標水準に反映しております。

　具体的には環境部門において，脱炭素社会への移行にともなう「外部環境の変化」と地球温暖化の進展にともなう「物理的変化」を特定。その発生確率とこれ

point 設備投資等の概要

　セグメントごとの設備投資額を公開している。多くの企業にとって設備投資は競争力向上・維持のために必要不可欠だ。企業は売上の数%など一定の水準を設定して毎年設備への投資を行う。半導体などのテクノロジー関連企業は装置産業であり，技術発展がスピードが速いため，常に多額の設備投資を行う宿命にある。

らが現実化した場合の財務影響から重要なリスクと機会を評価しております。こうして特定した重要なリスクと機会については，各部門別に具体的な対策を検討し，環境行動計画において，グループ全体・部門別・事業所別に重要管理指標と目標を設定し取組みを推進しております。そのうえで，グループ全体として年2回の全社環境推進委員会，部門別には年2回の事業本部環境委員会，事業所別には年2回の事業所ECO診断／研修にて進捗管理を行っております。

（4） 指標及び目標

気候変動にともなうリスクの最小化と機会の最大化を目指し，短・中・長期の目標を設定して，取組みを推進しております。なお，これらの目標は中期経営計画の指標の１つとして設定するとともに，同計画の対象期間と合わせて策定している環境行動計画「エンドレスグリーンプログラム」においては，さらに詳しい管理指標と目標を設定し，「環境と企業収益の両立」を目指して，取組みを加速させております。

主な指標	2026年度目標	2030年マイルストーン（環境長期ビジョン）
バリューチェーン全体のGHG排出量削減率（2015年度比）	—	40%
事業活動におけるGHG排出量削減率（2015年度比）	55%	70%
販売建物の使用によるGHG排出量削減率（2015年度比）	54%	63%

※ 2022年度実績およびその他の指標については，2023年7月発行予定の「サステナビリティレポート2023」をご覧ください。

(https://www.daiwahouse.co.jp/sustainable/library/csr_report/index.html)

3. 人的資本・多様性への取組み

当社グループでは社是に掲げる「事業を通じて人を育てる」に基づき，人財（人的資本）の価値向上が企業価値の源泉であると捉え，創業以来，人財の成長を第一に考えた経営を行ってまいりました。第7次中期経営計画では，人的資本への積極的な投資と従業員の成長の場・機会の創出を通じて，「個」と「組織」の価値を最大化し，イノベーションの基盤づくりを進めております。

多彩な事業ポートフォリオを持つ当社グループにおいて多様な人財の確保は最も重要な課題の１つであり，事業戦略に連動した多様な人財を確保するとともに，

(point) **主要な設備の状況**

「設備投資等の概要」では各セグメントの1年間の設備投資金額のみの掲載だが，ここではより詳細に，現在セグメント別，または各子会社が保有している土地，建物，機械装置の金額が合計でどれくらいなのか知ることができる。

一人ひとりの個性や価値観に寄り添った成長機会を提供することで，自律的なキャリア形成を支援しております。そして，多様な「個」が健康かつ心理的安全な職場環境の中で自分らしさを発揮し，対話を通じてつながり合うことで「組織」として新たな価値が創出される，その様な組織風土・文化を醸成してまいります。

（1）戦略

人財育成方針

　当社グループは，人財（人的資本）が最大の財産であるとの信念のもと，「創業者精神」を基本軸に，中長期的な視点をもって人財の育成に取組んでおります。変化し続ける社会や価値観の多様化に柔軟に対応し，潜在的な市場を発掘・創出するためには，一人ひとりの人財が持つ「強み」や「らしさ」が輝きあう組織であることが欠かせません。それぞれがプロフェッショナルとしての誇りをもって自らの「強み」を伸ばし，発揮することでチームに貢献することができるよう，複線的な成長機会の提供を通じて，従業員の自律的かつ持続的なキャリア形成を支援してまいります。そして，当社グループが掲げる"将来の夢"（パーパス）に共感する多様な人財を社内外に広く求め，それぞれが自らの"夢"の実現を"将来の夢"に重ね合わせながら相互につながり，組織の枠を超えた人の交流や学び合いを生み出すことを通じて，総合力としての人的資本の価値向上を目指してまいります。

［当社の教育体系図］

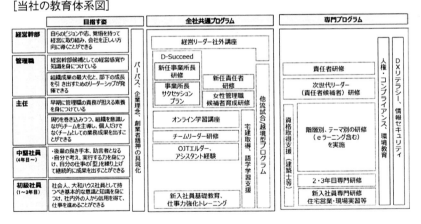

社内環境整備方針

　当社グループでは多様な人財が持つ「知」や「経験」のダイバーシティがイノベーションを生み出す源泉であると考え，従業員が働きがいを実感しながら，「自分らしさ」を存分に発揮できる健全で公平な職場環境の整備に取組んでおります。

　技術革新（AIやICT）の積極活用により従業員の働き方に変化を起こし，生産性の向上と従業員の健康保持ならびに改善を進めてまいります。また，従業員が持つ多様な価値観，性別，障がいの有無，性自認，性的指向，性表現，年齢，国籍，言語，文化，ライフスタイル等が尊重され，それぞれが持つ視点や発想を認め合い，活かしあい，輝きあう職場風土を，経営層および従業員相互の交流・対話を通じて醸成してまいります。

　これらの取組みを通じて，従業員の自分らしい生き方や働き方の選択肢を広げ，エンゲージメントの向上につなげていくとともに，定期的なサーベイを通じてその効果を検証してまいります。

人的資本の拡充，多様性の推進

　当社では多様性の1つである「女性」社員の活躍推進をダイバーシティ推進の試金石として積極的に取組んでまいりました。2005年に女性活躍推進プロジェクトを立ち上げ，2007年には専任組織である「Waveはあと推進室」を設置。業域拡大に合わせて2015年4月には同推進室を「ダイバーシティ推進室」に名称変更，2019年10月から「DE&I推進」組織として組織改編いたしました。

　当社においてダイバーシティ＆インクルージョンを経営に活かし，商品やサービス等のプロダクトおよびプロセスにおける新しい発想を生み出すため，また多様な視点での意思決定を強化するため，多様性を促進しております。

(2)　指標及び目標

女性活躍推進

　組織の意思決定に影響を与える分岐点とされる30%（クリティカル・マス）の確保に向けて，当社では「女性管理職比率」，「女性主任職比率」，「新卒採用女性比率」の3指標をKPIとして定めております。当社の女性社員比率は21.3%（2023年4月1日現在）であるため，絶対数の確保と育成を並行して進めております。

　女性管理職については，第7次中期経営計画（2022〜2026年度）において，

初年度（2022年4月1日）に比べ約2倍となる500名登用（女性管理職比率8％）を目標として掲げております。その前段階として新卒採用女性比率30％を目標とし，会社説明会等において出産・育児等のライフイベントを支える人事制度の説明や，当社で活躍する女性社員の事例紹介等，入社後の働き方をイメージしやすい仕掛けづくりをしております。また，女性社員はもとより上司等，周りの社員に対してもマインドセットを図り，能力と意欲のある女性がキャリアを積み重ね持続的に働くことのできる環境と成長の機会を整備しております。その結果，管理職候補となる主任職層における女性比率が徐々に高まり，女性管理職比率も年々高まっております。

男性の家事・育児参画の推進

　お客様の住まいと暮らしに寄り添う企業グループとして，従業員が性別に関わらず家事や育児に参画し新たな学びや気づきを得ることを支援しております。当社では2016年4月に育児休業制度の見直しを行い，育児休業の当初5日間を有給化し，男性も育児休業に踏み出しやすい環境を整えております。また，育児休業期間中だけではなく日常的に家事や育児に関われるように休暇制度やフレックスタイム制度等，柔軟な働き方を拡充してまいりました。

　日本においてはまだまだ女性が担うことの多い家事や育児を，男性が単にサポートするのではなく主体的に関わることを後押ししております。男性が家事や育児を実体験として経験できる新たな機会を生み出すとともに，女性の精神的・肉体的負担を軽減することで，誰もが活躍できる社会を創ることを目指しております。

指標	実績			目標
	2020年度	2021年度	2022年度	
管理職における女性比率 （女性管理職比率）	2021/4/1 4.5%	2022/4/1 4.9%	2023/4/1 5.2%	2027/4/1 8%
主任職における女性比率 （女性主任職比率）	2021/4/1 17.9%	2022/4/1 19.2%	2023/4/1 21.3%	2027/4/1 25%
新卒採用女性比率	2021/4/1 23.5%	2022/4/1 25.8%	2023/4/1 24.9%	30%
男性の育児休業取得率（※1）	2020年度 42.4%	2021年度 41.9%	2022年度 62.2%	2026年度 80%
障がい者雇用率	2021/4/1 2.50%	2022/4/1 2.46%	2023/4/1 2.50%	2026/4/1 2.70%
若年層（入社3年後） の定着率（※2）	2021/4/1 2018/4/1 入社 78.6%	2022/4/1 2019/4/1 入社 76.6%	2023/4/1 2020/4/1 入社 76.6%	85%

ダイバーシティスコアの事業所評価への組み入れ

　会社全体でのダイバーシティを推進するために，事業所単位での状況を可視化することで，各職場におけるダイバーシティの推進度を測り促進することを目的とし，2019年度より事業所における経営健全度を評価する項目に「事業所ダイバーシティスコア」を導入いたしました。具体的には，「管理職・主任職における女性比率」，「男性の育児休業取得率」，「障がい者雇用率」，「若年層の定着率」の4項目にて評価することで，会社全体で人財の多様化を進めております。

シニア活躍推進

　当社は高齢化・人口減少社会の到来を見据え，同業他社に先駆けて2013年に65歳定年制を導入いたしました。その後もシニア社員の処遇体系を継続的に見直してまいりました。またキャリア採用においても50歳以上を積極的に採用するなど，高度な経験やスキルを持つ人財を確保し長く活躍できる制度を整備しております。

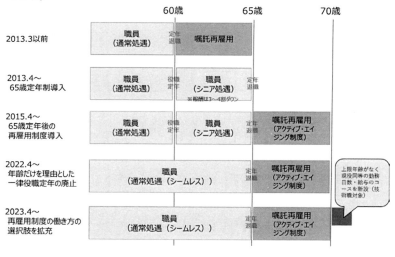

指標	実績（単体）		
	2020年度	2021年度	2022年度
60歳到達後の雇用継続率（※1）	91.1%	98.2%	98.4%
65歳定年到達後の雇用継続率（※2）	60.0%	60.9%	49.4%
50歳以上キャリア採用者数	15名	13名	12名

※1. 前年度満60歳を迎えた社員が当年度継続雇用される率。

※2. 前年度末で定年退職した社員（65歳到達社員）が当年度嘱託として再雇用される率。

3 事業等のリスク

　有価証券報告書に記載した事業の状況，経理の状況等に関する事項のうち，経営者が連結会社の財政状態，経営成績及びキャッシュ・フローの状況に重要な影響を与える可能性があると認識している主要なリスクは，以下のとおりです。

　なお，文中の将来に関する事項は，当連結会計年度末現在において当社グループが判断したものです。

（1） リスクマネジメント体制について ···

　当社は，「リスクマネジメント規程」を制定し，リスクを「大和ハウスグループに損失を与えるおそれのある事象」と定義した上で，リスクについての平時・有事の対応体制を明文化しております。具体的な体制は，以下のとおりです。

1. 平時の体制

　経営管理本部長をリスクマネジメント統括責任者に選任して，同責任者が当社グループ全体のリスクマネジメント体制の構築・運用・監督を実施する体制としております。そして，同責任者の監督の下，当社の各事業におけるリスクの顕在化の予防，顕在化したリスクへの対応を推進するための組織として，事業単位のリスク管理委員会（事業本部リスク管理委員会）を設置しております。

　これらの体制を含む当社グループ全体の内部統制システムを監督する組織として内部統制委員会を設置しております。同委員会の委員長は社長が，副委員長は経営管理本部長（リスクマネジメント統括責任者）が務めております。

　また，リスクをはじめとする当社グループの持続的成長を阻害するおそれのある事実を早期に発見・是正することを目的として，「大和ハウスグループ内部通報規程」を制定し，複数の内部通報窓口を設置・運用しております。運用

(point) **設備の新設，除却等の計画**

　ここでは今後，会社がどの程度の設備投資を計画しているか知ることができる。毎期どれくらいの設備投資を行っているか確認すると，技術等での競争力維持に積極的な姿勢かどうか，どのセグメントを重要視しているか分かる。また景気が悪化したときは設備投資額を減らす傾向にある。

にあたっては，公益通報者保護法の趣旨を踏まえて通報者氏名・通報内容の厳秘や，不利益な取扱いを禁止する旨を同規程に定めるとともに，「社内リーニエンシー制度」の導入や，利益相反する関係者を排除して通報に対応する仕組みの構築等，より実効性を高めるための取組みを実施しております。

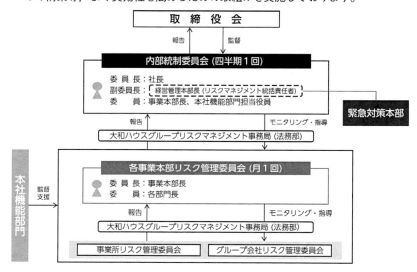

2. 有事の体制

　重大リスクが顕在化した場合には，緊急対策本部を立ち上げて対応し，業績等への悪影響の最小化に努めております。具体的には，「リスクマネジメント規程」において，顕在化したリスクのうち当社グループ又はそのステークホルダーに特に重大な影響を及ぼすおそれのあるものについて，緊急対策本部を設置して，当該重大リスクへの対応・再発防止策の検討・推進を行うことを定めております。その上で，リスクマネジメント規程の下位規範である「緊急対策本部設置・運営細則」において，緊急対策本部の設置基準・メンバー・運営手順・業務等を明文化することで，速やかに緊急対策本部を立ち上げて適正な対応を執ることができる体制としております。

(point) **株式の総数等**

　発行可能株式総数とは，会社が発行することができる株式の総数のことを指す。役員会では，株主総会の了承を得ないで，必要に応じてその株数まで，株を発行することができる。敵対的 TOBでは，経営陣が，自社をサポートしてくれる側に，新株を第三者割り当てで発行して，買収を防止することがある。

(2) 当社グループの事業等に関するリスクについて，連結会社の財政状態，経
営成績及びキャッシュ・フローの状況に重大な影響を与える可能性がある事項
には，以下のようなものがあります。なお，本項において将来に関する事項が
含まれておりますが，当該事項は当連結会計年度末現在において判断したもの
です。‥‥

＜当社グループのリスク一覧＞

分類		具体的内容
外部要因	1）法令・政策	① 法的規制
		② 海外事業
		③ 住宅関連政策・税制の変更
	2）事業環境	④ 特定の取引先・製品・技術等への依存
		⑤ 原材料・資材価格・人件費等の高騰
		⑥ 競合
		⑦ 建設技能労働者の減少
	3）不動産市場	⑧ 不動産を含む資産の価値下落
		⑨ 不動産開発事業
	4）ファイナンス	⑩ 金利の上昇
		⑪ 退職給付費用
		⑫ 賃貸用不動産における空室および賃下げ
	5）ハザード・突発的事象	⑬ 情報セキュリティ
		⑭ 自然災害・気候変動
		⑮ 感染症
内部要因		⑯ 事業戦略・グループ戦略
		⑰ 品質保証等
		⑱ 安全・環境

1．外部要因 ‥‥‥‥‥‥‥‥‥‥‥‥‥‥‥‥‥‥‥‥‥‥‥‥‥‥‥‥‥‥‥‥‥‥‥

1）法令・政策

① 法的規制に関するリスク

リスク内容

　国内，海外を問わず，法的規制が改廃されたり，新たな法的規制が設けられた
りした場合には，業績等に悪影響を及ぼす可能性があります。当社は，国内，海
外における建設・不動産事業を行っており，国内においては会社法，金融商品取
引法，建築・不動産関連法令，環境関連法令，各種業法等，海外においてはそ

(point) **連結財務諸表等**

　ここでは主に財務諸表の作成方法についての説明が書かれている。企業は大蔵省が定
めた規則に従って財務諸表を作るよう義務付けられている。また金融商品法に従い，
作成した財務諸表がどの監査法人によって監査を受けているかも明記されている。

れぞれの国・地域の法的規制の適用を受けます。また，グループ会社においては，ホテル事業，物流事業，保険事業，スポーツクラブ運営事業，クレジットカード事業等の多種多様な事業を行っており，各事業の業法その他の関連法令がそれぞれの会社に適用されます。このように，当社グループの事業に関連する法令は広範にわたっており，法的規制の改廃や新設によっての影響を受ける場面は少なからず存在しているものと考えられます。

　また，法的規制に違反した場合，処罰，処分その他の制裁を受けたり，当社グループの社会的信用やイメージが毀損されたりすることで，業績等に悪影響を及ぼす可能性があります。

対応策

　当社グループの事業に関連する法的規制の改廃や新設に関する情報については，その動向を常にモニタリングしており，当社グループの事業内容や業績等に影響を及ぼすリスクがある情報を入手した場合は，リスクを最小化するために，事前に対策を講じる体制としております。また，当社グループにおいては，経営管理本部長をリスクマネジメント統括責任者に選任し，当社グループ全体のリスクマネジメント体制の構築・運用・監督を実施する体制とするとともに，その監督の下，リスクの顕在化の予防，顕在化したリスクへの対応を推進するための組織として，事業ごとにリスクマネジメントを行う体制を構築・運用しております。さらに，従業員に対する積極的な法令知識の研修・啓蒙や，各種マニュアル・チェックリストの作成を推進するなどの対策を講じております。万一，重大なリスクが顕在化した場合には，緊急対策本部を立ち上げて対応し，業績等への悪影響の最小化に努めるとともに，再発防止を徹底しております。

② **海外事業に関するリスク**

リスク内容

　海外事業では，進出国における急激なインフレーション，為替相場の変動による事業収益の低下，政治・経済情勢の不確実性，紛争（内乱・暴動・戦争）の発生や日本との外交関係の悪化等に伴い実施される外貨規制による事業遂行・代金回収の遅延・不能（海外送金規制含む）等の発生，不動産事業の引き締め等を目的とする政策変更や法改正による購買意欲減退等，国際取引特有の外的要因に基

(point) **連結財務諸表**

　ここでは貸借対照表(またはバランスシート，BS)，損益計算書(PL)，キャッシュフロー計算書の詳細を調べることができる。あまり会計に詳しくない場合は，最低限，損益計算書の売上と営業利益を見ておけばよい。可能ならば，その数字が過去5年，10年の間にどのように変化しているか調べると会社への理解が深まるだろう。

づく様々なリスクを負っており，これらのリスクが顕在化した場合には，業績等に悪影響を及ぼす可能性があります。

<u>対応策</u>

　投資管理ガイドラインを当社グループとして定め，投資方針や具体事案の検討の基準の可視化と当該基準に従った事案精査の徹底に注力しております。また，フィルター機能として海外案件を諮問する専門委員会を設置し，恣意的な投資判断を抑止しております。

　また，事業推進中の経営状況の管理のため，海外を5つのエリアに分け，エリア毎に地域統括会社を決めそこに管理部門責任者を配置するなど Regional Corporate 機能（以下 RC 機能）の整備を進めております。エリア，各国の特性を習得することが一番のリスク回避策と言え，文化・習慣，税務・法律解釈，労務問題等のリスク情報を現地に根付いて収拾の上ノウハウを蓄積することでリスクの未然防止や対処力の向上を図りエリア特性に適合するガバナンス体制の構築を推進しております。各 RC 機能人員がそれぞれの専門能力を発揮しエリア毎の経営基盤の強化を図ると共に，本社との連携については，海外本部・経営管理本部を中心とした本社部門との情報共有を密にし，当社グループの経営方針に即した事業遂行と事業管理の実現に注力しております。

③　住宅関連政策・税制の変更に関するリスク

<u>リスク内容</u>

　住宅ローンの金利優遇措置，住宅取得やリフォーム工事に対する補助金・助成金・給付金制度等の住宅需要刺激策の変更もしくは廃止により，住宅需要が減退し，当社グループの住宅関連事業に影響を与える可能性があります。また，消費税率の引き上げや住宅ローン減税等の税制の変更・廃止等により，住宅取得にかかるお客様の資金負担が増加した場合には，戸建住宅やマンション等の購買需要が減退する可能性があり，業績等に悪影響を及ぼす可能性があります。

<u>対応策</u>

　各種補助金・助成金・給付金制度等については，制度内容の改変・廃止・受付終了等の情報を常にモニタリングし，制度の変更に応じた施策を講じております。

また，お客様毎のライフスタイルに合わせた「生き方」提案や付加価値の高い商品を企画することにより，お客様の需要を喚起し，住宅需要の減退が業績に与える影響を軽減する対応に努めております。

2）事業環境

④ 特定の取引先・製品・技術等への依存に関するリスク

リスク内容

　当社グループは，商品・サービスの提供や，商品の原材料の製造等の一部について，一定の技術を保有する事業者に委託しておりますが，世界の地政学的リスクの発生や感染症等に起因する資材高騰，材料逼迫，納期遅延により，突発的に商材・部品・素材の供給不安が発生するリスクや，取引先の倒産による供給停止が起こるリスクがあります。これらのリスクが顕在化した場合には，業績等に悪影響を及ぼす可能性があります。

対応策

　当社グループは，上記のようなリスクが顕在化する事態を防止すべく，集中的に調達する物品については，一部の特別な仕様・性能・機能を持つ物品を除き，原則として2社以上と調達契約を締結することとしており，分散的に発注・委託を行うよう努めております。また，調達数量や代替製品の調達難易度等を検討し，優先度の高い物品から，調達先の国内回帰，部品製品在庫の国内での積み上げ，取引先の複数拠点化，仕様変更，代替品提案，調達リードタイムの見直し，適正在庫の確保等の対策を講じております。また，継続的に取引先の与信管理を行い，供給不安のある取引先については，取引の継続の是非について，関連部門で協議を行い早期に判断できる体制を構築しております。

⑤ 原材料・資材価格・人件費等の高騰に関するリスク

リスク内容

　当社グループでは建物の建築やサービスの提供にあたり，多くの原材料や資材の調達及び下請事業者への発注を行っておりますが，原材料，資材の価格や人件費等が高騰し，それを販売価格に転嫁できない場合は，業績等に悪影響を及ぼす可能性があります。特に世界的な異常気象や為替市場の変動，地政学的リスクの影響，製造に携わる労働者不足により，原材料や資材価格，エネルギー価格や労

務費が急激に高騰した場合は，販売価格への転嫁が行えず，製造コストや物流コストの上昇につながるリスクがあります。また，ウクライナ情勢，トルコ南東部・シリア北部大地震被害の復興需要による原材料・資材の逼迫と価格の上昇，隣国の台湾有事による中国を中心としたサプライチェーンの凍結等により，建築コストが増加するリスクが考えられ，これらのリスクが顕在化した場合には，業績等に悪影響を及ぼす可能性があります。

対応策

　原材料・資材価格等が高騰するリスクに対しては，①仕様の見直し，②複数の取引先から仕入れることによる安定供給の維持，③新規材料の採用検討，④代替材採用時の確実な検証の実施，⑤取引先製造拠点の変更による運搬費見直しや輸送方法の見直し，⑥取引先と連携した製造ラインの改善活動によるコストダウン等により，コスト上昇の抑制に取組んでおります。また，グループ会社と連携し，手配数量の集約によるスケールメリットを追求，今後の施工予定の情報を早期に入手し，事前に手配予想数量を取引先に提示することで，取引先の経費を抑えつつ，価格交渉時のコスト上昇の抑制に努めております。加えて，工場においては，製造ラインの効率改善，資材・労務の早期手配により原価抑制を図っております。さらに，労働者不足による労務費アップ解消のため，協力会と連携し雇用促進に取組んでおります。

　人件費（労務単価）等が高騰するリスクに対しては，デジタル化やものづくりの見直しにより，現場施工の省人化・省力化を推進して生産性向上を図り，原価上昇を抑えるように努めております。

⑥　競合に関するリスク

リスク内容

　当社グループは，建設・不動産事業をはじめとする様々な事業を行っており，これらの各事業において，競合会社との間で競争状態にあります。当社グループが，商品の品質や価格，サービスの内容，営業力等の観点から，これらの競合会社との競争において優位に立てない場合には，業績等に悪影響を及ぼす可能性があります。

対応策

当社グループでは，事業本部制のもと，業界に属する他社動向に関する情報を収集・分析し，必要に応じて自社事業の戦略に反映しております。

また当社独自の土地を起点とした情報力や開発力，顧客目線に立った課題解決力などの強みを活かし，競合他社との過度な競争に巻き込まれないよう努めております。

⑦　**建設技能労働者の減少に関するリスク**

<u>リスク内容</u>

　当社グループの主たる事業である建設工事事業には多くの建設技能者が必要ですが，日本の建設業就業者数は右肩下がりであり，今後もさらに減少するとの推計もあります。人口減少の影響を受けて今後更に建設業就業者が減少すると，工程の遅れや人件費の高騰を招き，業績等に悪影響を及ぼす可能性があります。

　また，建設業就業者は高齢化が進行し，次世代への技術承継が大きな課題となっており，建設業界への入職者が増加しない場合には，国内での事業継続に悪影響を及ぼす可能性もあります。

<u>対応策</u>

　当社グループでは，建設業の担い手の中長期的な育成・確保のために国土交通省が定める基本理念や具体的措置に則り，現場の働き方改革を推進するとともに，建設技能者の処遇改善に取組んでおります。

　現場の働き方改革においては，2021年度よりすべての現場で4週8休を推進しております。加えて，建設現場における労務管理を徹底するために，取引先へのグリーンサイト（※）加入支援や建設キャリアアップシステムによる技能者の入退場管理を行い，技能者の就労履歴の蓄積を推進しております。

　また，建設技能者の処遇改善として，2019年4月より取引先に対する下請代金の全額現金支払いに移行しております。加えて，優秀技能者認定制度を設け，所定の技能力を保有している建設技能者の所属する施工店へ手当の支給を行うとともに，建設技能者の増加，育成に向け，技能者育成資金補助制度，新規技能者育成研修を通じて，施工店への育成支援を行っております。

　さらに，当社グループでは，先進的な建設工程の実現に向けDXやBIMを推進しております。BIMにより，データー元化によるプロセスの最適化を図って生産

性向上につなげるとともに，デジタルコンストラクションプロジェクトでは，施工作業におけるロボティクス等の活用による省人化や，建設現場状況の可視化による生産性向上に取組んでおります。

※ 労務・安全衛生に関する書類を電子的に作成・提出・管理するためのインターネットサービス。

3）不動産市場

⑧ 不動産を含む資産の価値下落に関するリスク

リスク内容

当社グループは，国内及び海外において不動産の取得，開発，販売等の事業を行っており，不動産市況が悪化し地価の下落，賃貸価格の下落が生じた場合には，業績等に悪影響を及ぼす可能性があります。また，その場合には，当社グループが保有する不動産の帳簿価額の引き下げを行う必要が生じる可能性があります。

さらに，当社グループが所有する不動産以外の棚卸資産や有形固定資産，のれん等の無形固定資産，投資有価証券等の投資その他の資産についても，市場動向に応じて帳簿価額の引き下げを行う必要が生じる可能性があり，業績等に悪影響を及ぼす可能性があります。

対応策

当社グループは多岐にわたる事業展開を行っており，その中で所有する不動産に適した事業を選択することで資産価値向上に努めております。なお，自社所有の不動産については定期的に鑑定評価をとるなどモニタリングを行い，価値下落の兆候が認められるものについては適正に対処しております。また，不動産以外の市場価額の変動リスクがある資産は，事業上の必要性がある場合を除き，原則として保有しない方針としており，保有している資産の価格変動リスクについては定期的にモニタリングを行っております。

⑨ 不動産開発事業に関するリスク

リスク内容

当社グループは，中長期的な戦略として不動産開発事業に重点を置き，住宅団地，分譲マンション，賃貸住宅，商業施設，物流施設，ホテル等，様々な用途の不動産開発を行っております。これらのプロジェクトは完了までに多額の費用と長い期間を要する不動産開発事業であり，プロジェクト進行中において，様々な事由により，想定外の費用発生，プロジェクトの遅延もしくは中止を余儀なくさ

れる場合があり，業績等に悪影響を及ぼす可能性があります。

対応策

　当社グループでは，不動産を含む重要な投資の実行にあたっては，事業投資委員会で事業性やリスクを評価し審議しております。不動産開発事業の場合はIRRを主要な指標としておりますが，同時に，その事業が当社グループの経営理念・経営戦略・ブランドイメージと合致しているか，また，法的リスク，土壌・地下水汚染，地盤リスク，災害リスク（洪水等），環境問題，建築費の妥当性等，ESGを含む多面的なリスク評価（16部門，26項目）を行い審議しており，経済的な観点からは基準を満たす投資案件であっても，当該投資実行が当社の目指すべき姿・ビジョンと大きく相違する場合や，環境への影響が大きい場合等には，当該投資は実施いたしません。なお，リスク評価項目の見直しは定期的に行っております。そのほか事業投資についても不動産開発と同様にリスク評価を行い，審議しております。

4）ファイナンス

⑩　金利の上昇に関するリスク

リスク内容

　当社グループは，不動産開発を中心とした資金需要に対応するため，資本効率を考慮しながら，自己資本と共に有利子負債による資金調達を行っております。そのため，市場金利の上昇や当社格付の低下等により，資金調達コストが上昇し，業績等に悪影響を及ぼす可能性があります。

　また，市場金利の上昇によって，融資を利用して土地や建物を取得するお客様の支払総額が増加し，購買意欲が減退する事で業績等に悪影響を及ぼす可能性があります。

対応策

　当社では，運転資金について，調達コストの低い短期借入金やコマーシャルペーパー等を中心に調達しております。一方，不動産開発等の回収に時間がかかる投資については，長期調達により流動性リスクを低減しております。長期調達については，不動産の売却期間に合わせ期間5年を中心に調達しておりますが，有利子負債が増加する中，リファイナンスリスクを減らすため，さらに期間が長い超

長期の調達も実施しております。また，急激な資金市場金利の悪化による悪影響を受けないようにするため，原則として固定金利で調達するとともに，市場金利が低下するタイミングでは低い金利を享受できる変動金利による調達もバランスよく組み合わせております。

　加えて，金融機関との良好な関係構築に努め，社債による直接金融での調達とともに，間接金融でも調達することで，安定的な資金調達を行っております。格付の維持については，目標とする財務規律を設定し，財務規律を意識した経営を行っております。

　更に，融資を利用されるお客様に対しては，常に各金融機関における最新の融資商品等を把握し，お客様のニーズに即した融資のご提案を行うとともに，税理士やファイナンシャルプランナー等の外部専門家と連携することで，お客様のトータル的なファイナンスサポートを行い，最適な土地建物計画のご提案ができるように努めております。

⑪　**退職給付費用に関するリスク**

リスク内容

　当社グループは，確定給付型の制度として企業年金基金制度及び退職一時金制度，また，確定拠出型の制度として確定拠出年金制度を設けております。確定給付型の制度においては，株式市場や為替市場等の金融市場が変動した場合等に，割引率をはじめとした基礎率の変動による退職給付債務の多額の増減や，多額の年金資産運用損益が発生し，退職給付にかかる費用が大幅に変動する可能性があります。なお，当社グループでは退職給付会計に係る数理計算上の差異について，発生年度に一括して費用処理しているため，年金資産の運用環境が大幅に変動した場合や，退職給付債務の計算に用いる基礎率が変動した場合，当該事象が発生した事業年度の業績に重要な影響を及ぼす可能性があります。

対応策

　年金資産の変動リスクに対する対応策として，大和ハウス工業企業年金基金では資産運用委員会を設置し政策的資産構成割合の策定・見直し，運用受託機関の選任・評価等を実施しており，年金資産の運用は，許容可能なリスクの範囲内で，リスクリターン特性の異なる複数の投資対象に分散投資することを基本とし

ております。

　しかしながら，当社グループの当期末年金資産残高は，5,156億円となっており，金融市場の影響を大きく受け，2023年3月期においては，主に退職給付債務の算定に用いる割引率の変更に起因する退職給付会計に係る数理計算上の差異等が966億円（費用の減少）発生いたしました。「退職給付に関する会計基準」（企業会計基準第26号）においては，数理計算上の差異は平均残存勤務期間以内の一定の年数で按分した額を毎期費用処理すると定められており，その中でいわゆる「遅延認識」を行う事で発生期の業績への影響を緩和する事が認められておりますが，当社グループは2003年3月期以降，発生年度に一括して費用処理しており，この費用処理方法を変更することは「会計方針の変更」に該当いたしますが，年金資産残高の増加や業績への影響が高まっていることは，会計方針変更の正当な理由に当てはまらない事から，現在の会計制度では変更が認められておりません。なお，当期の営業利益4,653億円から数理差異等を除いた営業利益は3,687億円となります。

⑫　賃貸用不動産における空室および賃下げに関するリスク

リスク内容

　当社グループは，多くの賃貸目的の不動産を所有・管理しておりますが，入居者・テナント獲得の競争の激化等により，入居者や賃料が計画通りに確保できなくなる可能性があります。また，入居後も賃借人との協議等により賃料が減額される可能性があるほか，既存テナントが退去した場合，代替テナントが入居するまでの空室期間が長期化し，不動産の稼働率が大きく低下する場合もあります。その場合，代替テナント確保のため賃料水準を下げることもあり，業績等に悪影響を及ぼす可能性があります。加えて，既存テナントが倒産した場合，賃料の支払遅延や回収不能となる可能性もあります。

対応策

　賃貸目的の不動産を管理する事業毎に，エリアの特性や社会情勢等を踏まえ，入居者やテナント企業のニーズを的確に捉えた競争力の高い施設を提供することで，空室及び賃下げリスクを最小限にとどめるよう努めております。

5）ハザード・突発的事象

⑬ 情報セキュリティに関するリスク

リスク内容

　当社グループは，DX による新たな価値創造・事業の円滑・効率的な運用等を目的として，IT システムの利活用を推進しておりますが，サイバー攻撃等により，IT システムが長期間にわたり正常に作動しなくなった場合，当社グループの業務が著しく停滞し，業績等への悪影響が生じる可能性があります。また，個人情報や法人の秘密情報等が外部に漏えいした場合には，当社グループの社会的信用に影響を与え，損害賠償等を行う必要が生じることにより，業績等に悪影響を及ぼす可能性があります。

対応策

　当社では，ファイアウォール等のいわゆる入口対策・出口対策のほかにもエンドポイントの監視等，あらゆるアクセスを検証対象として情報保護対策を行っており，セキュリティ専門組織である CSIRT（Computer Security Incident Response Team）・SOC（Security Operation Center）を設置して，セキュリティ・インシデントに対応しております。また，情報セキュリティに関する規程（「個人情報保護規程」・「情報管理規程」等）を整備し，加えて情報セキュリティに関する E ラーニングや標的型攻撃メール訓練を役職員等に対して実施するなど教育・研修の徹底を図っております。加えて，グループ会社に対しても，脆弱性情報等のセキュリティトピックを共有するとともに，セキュリティレベルの実態把握，セキュリティ施策導入の推進，問題解決の指導等を実施しております。

⑭ 自然災害・気候変動に関するリスク

リスク内容

　当社グループは，国内及び海外に事務所・工場・研究開発等の施設を展開しており，地震や火山の噴火，台風や水害等の大規模な自然災害の発生により，従業員や施設・設備等への直接的な被害のほか，情報システムや通信ネットワーク，流通・供給網の遮断・混乱等による間接的な被害を受ける可能性があります。また，地震・台風・水害の際には，当社が過去に建築した建物に被害が生じる可能性があり，これらの場合には，被害回復のための費用や事業活動の中断等による

損失，またお客様の所有建物に対する点検や応急処置の実施，その他社会的な支援活動を行うための費用等が発生し，業績等に悪影響を及ぼす可能性があります。

対応策

　当社グループでは，気候変動の緩和策に取組むとともに，いわゆるBCMについての規程・マニュアルを策定することで，自然災害発生時の対応を適正・迅速に行うことができるよう事前の対策を講じております。また，食料の備蓄，蓄電池設備の配備，IP無線や衛星電話の導入等の通信環境の整備，サプライチェーンにおける事業継続計画の策定も行っており，リスクが顕在化した場合の業績等への悪影響を最小化するための取組みを行っております。

⑮　感染症に関するリスク

リスク内容

　当社グループでは各営業拠点，工場のほか，建設現場や商業施設などの人が集まる施設を保有しており，重大な健康被害をもたらす感染症が大規模に蔓延した場合，感染拡大を防止する観点から，営業活動や工事現場の操業を停止せざるを得なくなる可能性があり，また不動産市況の悪化により，不動産の取得・開発等の事業に悪影響が出る可能性があります。特にホテル事業やスポーツクラブ運営事業等においては，稼働率の低下や単価の引下げにより，業績等に悪影響を及ぼす可能性があります。

対応策

　上記のリスクは，外的要因に起因するものであるため，リスクが顕在化する可能性の程度や，業績等への悪影響の程度を合理的に見積もることは困難です。しかしながら，リスクが顕在化した場合には，まずは当社グループのステークホルダーの健康被害を最小化することを最優先に取組む方針であり，感染拡大を防ぐため，感染リスクの高い国・地域への渡航の禁止，テレワーク（在宅勤務）等の対策を実施しております。

2．内部要因 ･･･

⑯　事業戦略・グループ戦略に関するリスク

リスク内容

当社グループは，事業戦略上，中長期的観点に立ち，必要に応じて企業や事業の買収，組織再編又は売却等を行っております。

　しかしながら，企業や事業の買収，組織再編及びこれらの実行後の統合手続等が想定どおりに進行せず，グループ内におけるシナジー効果が期待通りの成果をもたらさないことや，事業環境の前提条件の大幅かつ急激な変化等により，事業戦略上想定した利益が達成できない場合には，業績等に悪影響を及ぼす可能性があります。

対応策

　事業環境は常に変化することから，上記のリスクが顕在化する可能性の程度や，業績等への悪影響の程度を見積もることは困難です。しかしながら，当該リスクへの対策として，買収等検討の際は，買収目的を明確にし，買収前に各種専門家を交えてデューディリジェンスや株式価値評価を行うことで，買収先の企業価値，事業計画の実現可能性等を適正に評価し，買収の是非の判断を行う体制としております。さらに，買収実施後，一定のPMI期間を設けており，専門の部署がPMIを推進することにより，企図した目的を達成しシナジーの最大化を図っております。また，PMI期間終了後には，主管部門の移管を行い，事業本部制によるグループ経営に移行し，事業本部主導でシナジーを追求し，グループ全体での企業価値向上と中長期的成長を実現できるよう取組んでおります。

⑰　品質保証等に関するリスク

リスク内容

　当社グループの住宅関連事業は，お客様の満足度を高めるために長期保証システムを提供しております。品質管理には万全を期しておりますが，長期にわたるサポート期間の中で，予期せぬ事情により重大な品質問題が発生した場合には，業績等に悪影響を及ぼす可能性があります。

対応策

　設計時には法的規制の遵守状況をモニタリングし，施工中においては，施工部門と異なる部門において品質検査を実施しております。更にお引渡し後の建物を定期的に点検・診断を行い，劣化診断等の長期サポート期間中の建物のモニタリングを行うことで重要な品質に関して，技術部門で情報共有し，業績等に悪影響

を及ぼす可能性を最小化する体制を構築しております。

⑱ 安全・環境に関するリスク

リスク内容

　当社グループは，工場，建設現場等を多数有しているため，特に安全，環境面を最優先に配慮，対策のうえ事業を行っております。しかしながら，これらの配慮，対策にもかかわらず現場災害，環境汚染等の事故等が発生した場合には，人的・物的な被害等により業績等に悪影響を及ぼす可能性があります。

対応策

　安全面でのリスクに対しては，施工現場の定期・特別パトロール，安全衛生協議会を通じて，当社および施工会社の従業員に対する指導・教育を行い，リスクを低減しております。

　また，環境面でのリスクに対しては，有害化学物質を代替・削減する取組みを推進するとともに，教育や訓練を実施しており，建設業において重要度の高い土壌汚染問題に対しては，専門部署を設置するなどの方法によりリスクを低減しております。

4　経営者による財政状態，経営成績及びキャッシュ・フローの状況の分析

（1）　経営成績等の状況の概要 ･･････････････････････････････････････

　当連結会計年度における当社グループ（当社，連結子会社及び持分法適用会社）の財政状態，経営成績及びキャッシュ・フロー（以下，「経営成績等」という。）の状況の概要は次のとおりです。

1．財政状態及び経営成績の状況 ･･････････････････････････････････････

　当連結会計年度におけるわが国経済は，新型コロナウイルス感染症（COVID-19）による影響の緩和と経済活動の正常化が進む一方で，ウクライナ情勢等を受けた原材料・エネルギー価格の高騰やサプライチェーンに与える影響，金融資本市場の変動等の影響により不透明な状況が継続いたしました。企業収益の改善や設備投資，雇用も持ち直しの動きが見られ，個人消費も緩やかに回復したものの，物価上昇による消費者マインドの悪化が，経済の持ち直しの速度を弱める可能性もあり，注視が必要な状況が続いております。

国内の住宅市場における新設住宅着工戸数は，分譲住宅及び貸家が前年比プラスとなったものの，持家が減少したことにより全体では前年比がわずかにマイナスとなりました。一般建設市場でも，建築着工床面積において，事務所の使途が減少し，全体では前年比がわずかにマイナスとなりました。

　このような事業環境の中で当社グループは，2022年度を初年度とする5ヵ年計画「第7次中期経営計画」のもと，「収益モデルの進化」・「経営効率の向上」・「経営基盤の強化」の3つの経営方針を掲げ，持続的な成長モデルの実現に向け，海外事業のさらなる進展や，地域を活性化させる複合再開発の推進，カーボンニュートラルの実現に向けた取組み等，各施策を実施してまいりました。

　以上の結果，当連結会計年度における売上高は4,908,199百万円（前連結会計年度比10.6％増），営業利益は465,370百万円（前連結会計年度比21.4％増），経常利益は456,012百万円（前連結会計年度比21.2％増），親会社株主に帰属する当期純利益は308,399百万円（前連結会計年度比36.9％増）となりました。

　なお，上記の営業利益には退職給付数理差異等償却益96,656百万円を含んでおり，数理差異等を除いた営業利益は368,714百万円（前連結会計年度比11.0％増）となりました。

　セグメント別の概況は次のとおりです。なお，当連結会計年度より，報告セグメントの区分を変更しております。詳細は，「第5　経理の状況1（1）連結財務諸表注記事項（セグメント情報等）セグメント情報」をご参照ください。下記の連結会計年度との比較については，前連結会計年度の数値を変更後のセグメント区分に組み替えた数値で比較しております。

①戸建住宅事業

戸建住宅の注文請負・分譲

売上高構成比 **18.4%**

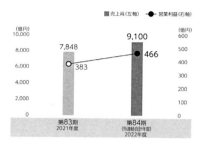

■売上高(左軸)　●営業利益(右軸)

	第83期 2021年度	第84期 (当連結会計年度) 2022年度
売上高	7,848	9,100
営業利益	383	466

戸建住宅事業では，事業ミッション「『続く幸せ』を，住まいから」及び，事業ビジョン「Live Style Design（リブスタイルデザイン）～家を，帰る場所から『生きる』場所へ～」のもとで，お客様の人生に寄り添い，地域に密着した事業展開を推進してまいりました。

国内の住宅事業では，主力鉄骨造商品「xevo Σ（ジーヴォシグマ）」，木造住宅商品「xevo Granwood（ジーヴォグランウッド）」，3・4・5階建「skye（スカイエ）」を中心に，オンラインで家づくりができる「Lifegenic（ライフジェニック）」や富裕層をターゲットとした当社最高級戸建住宅商品「Wood Residence MARE-希-（マレ）」等の多彩な商品ラインアップに加えて，当社オリジナルのソフト提案として「テレワークスタイル」や家族で家事をシェアする「家事シェアハウス」等，注文住宅・分譲住宅において，お客様の課題解決と社会の変化をとらえた新たな価値の提案に注力してまいりました。

また，2023年1月からはデジタル技術を使った提案力を強化し，初回提案時におけるプランの3D化やWEBコミュニケーションツール「LiveStyle診断」等をスタートしております。加えて，業界初となる24時間防犯カメラ機能付きインターホンを搭載した戸建住宅向け宅配ボックスを開発し，防犯や社会課題の改善に取組む商品を提案しております。

海外では，米国において，雇用拡大による住宅需要が見込める米国東部・南部・西部を結ぶスマイルゾーンでの戸建住宅事業を展開しております。2022年度後

半は，度重なる政策金利の引き上げによる影響により受注が鈍化したものの，需要は堅調であることから，価格調整に頼らない販売活動を継続いたしました。住宅ローン金利の上昇に一服感がみられ，足元の受注は回復傾向となっております。以上の結果，当事業の売上高は910,076百万円（前連結会計年度比15.9％増），営業利益は46,666百万円（前連結会計年度比21.6％増）となりました。

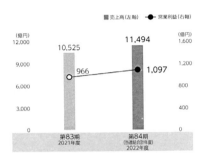

②賃貸住宅事業　　　　　　　　　　　　　　売上高構成比　23.2％

賃貸住宅の開発・建築、管理・運営、仲介

■売上高（左軸）　●営業利益（右軸）

(億円)　12,000　9,000　6,000　3,000　0
10,525　966
11,494　1,097
(億円)　1,600　1,200　800　400　0

第83期　2021年度
第84期（当連結会計年度）2022年度

　賃貸住宅事業では，ご入居者様に喜ばれ，長く住み続けたいと思っていただける住まいを提供し，オーナー様の資産価値の最大化に繋がる賃貸住宅経営のご提案とサポートを行ってまいりました。環境負荷を低減し，省エネ・創エネ対応の賃貸建物を推進する中，2022年10月に断熱性能を高めた「TORISIA（トリシア）」を販売開始し，ZEH-M物件のさらなる普及・拡販に努めてまいりました。

　大和リビング株式会社では，ライフスタイルの変化に伴い，管理物件にインターネットや宅配ボックスを標準導入するなど，ご入居者様のニーズにあわせた仕様を備えたことにより，高い入居率を維持するとともに，当社建築物件の管理戸数も増加いたしました。

　大和ハウス賃貸リフォーム株式会社では，当社施工の賃貸住宅を所有するオーナー様に対し，定期点検・診断を通じたリレーションの強化を図り，保証延長工事やリノベーション提案を継続して推進してまいりました。

　また，当社及び，大和リビング株式会社，大和ハウス賃貸リフォーム株式会社

(point) 財務諸表

　この項目では，連結ではなく単体の貸借対照表と，損益計算書の内訳を確認することができる。連結＝単体＋子会社なので，会社によっては単体の業績を調べて連結全体の業績予想のヒントにする場合があるが，あまりその必要性がある企業は多くない。

の3社は，近年の貧困や少子高齢化等，多様化・複雑化する社会課題の解決に向けて，賃貸住宅「D-room」を中心とする新たな「循環型事業モデル」を確立させるために「大和ハウスグループ『D-room地域共生基金』」を設立いたしました。地域の安全・防犯，地域イベントや文化の伝承，ひとり親世帯をはじめとする子育て等に支援・貢献している10団体を選定し，2023年3月に第1回目の寄付を実施いたしました。

　海外では，賃貸住宅開発事業を展開している米国において，メリーランド州で開発した賃貸住宅「ロックビルタウンセンター」の収益性が評価され，早期の売却が実現いたしました。断続的な金利上昇が機関投資家をはじめとする購買層の資金調達に影響し，収益物件のマーケットの動きに注視が必要な状況が継続しておりますが，開発した物件を高収益で売却できるタイミングを計りつつ，稼働率や賃貸による収益率の向上に注力しております。

　以上の結果, 当事業の売上高は1,149,424百万円（前連結会計年度比9.2%増），営業利益は109,710百万円（前連結会計年度比13.5%増）となりました。

③マンション事業　　売上高構成比　9.7%
マンションの開発・分譲・管理

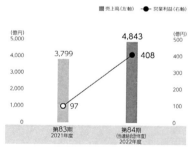

　マンション事業では，お住まいになる方々の多彩なライフスタイルに応えるため，ハウスメーカーとして培ってきたノウハウを駆使しながら，長寿命の住まいに欠かせない基本性能や快適性，安全性，管理体制の提供を追求してまいりました。そして，お客様にとっての資産価値に加えて，環境や社会への配慮，地域社

会への貢献を目指した付加価値の高いマンションづくりに努めております。

　2023年3月に販売開始した「プレミスト本鵠沼」（神奈川県）は，閑静な立地と徒歩10分圏内に生活利便施設や教育施設が整う成熟した住環境に加えて，各主要都市への交通利便性の良さが評価され，販売が順調に進捗しております。

　また，当社が開発する分譲マンション「プレミスト」シリーズでは，2024年度以降に着工する全棟にZEH-M仕様を採用いたします。2018年度からZEH-M仕様のマンション開発を開始し全国での開発・販売体制が整ったため，当初目標から2年前倒しで取組むこととなりました。

　株式会社コスモスイニシアでは，「イニシア町田」（東京都）が，JR横浜線町田駅から徒歩4分の交通利便性と商業施設や商店街が揃う生活利便性に加え，三方が道路に面した立地の解放感や日当たりの良さなどが評価され，販売が順調に進捗し全戸完売いたしました。

　大和ライフネクスト株式会社では，充実した福利厚生により企業の採用競争力を高めるため，寮・社宅ニーズ，在宅勤務等の普及によるコミュニケーション不足や体調不良時の孤立化リスクに応えるべく，法人向けクォリティレジデンス「エルプレイスシリーズ」（社員寮）を全国61ヶ所に展開しております。2023年3月には，新規物件「エルプレイス清澄白河」（東京都）を開業いたしました。

　以上の結果, 当事業の売上高は484,382百万円（前連結会計年度比27.5%増），営業利益は40,879百万円（前連結会計年度比319.2%増）となりました。

商業施設の開発・建築、管理・運営

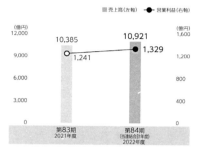

　商業施設事業では，テナント企業様の事業戦略やエリアの特性を活かし，ニーズに応じたバリエーション豊富な企画提案を行ってまいりました。特に，大型物件への取組みの強化や，当社で土地取得・開発企画・設計施工・テナントリーシングまで行った物件を投資家に販売する分譲事業等に注力してまいりました。

　都市型ホテル事業では，大和ハウスリアルティマネジメント株式会社において，ペントアップ需要や外国人の旅行先として訪日のニーズが根強い中，2022年10月に実施された外国人観光客入国制限解除や歴史的な円安が追い風になり，コロナ前以上のインバウンド需要の回復に伴う収益増が期待されております。ダイワロイネットホテルの2023年1月から3月の平均稼働率は85.1％と改善し，順調に推移いたしました。

　フィットネスクラブ事業では，スポーツクラブNAS株式会社において，スクール会員数はコロナ前の水準まで回復してまいりましたが，昨今の水光熱費高騰の影響で厳しい経営環境が続いているため，運営オペレーションの見直しによる効率化を継続し，コスト削減を徹底してまいりました。

　以上の結果, 当事業の売上高は1,092,167百万円（前連結会計年度比5.2％増），営業利益は132,984百万円（前連結会計年度比7.1％増）となりました。

⑤事業施設事業　　　　　　　　　　売上高構成比　22.5%

物流・製造施設、医療介護施設等の開発・建設、管理・運営

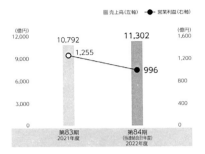

■ 売上高(左軸)　●─ 営業利益(右軸)

第83期 2021年度: 10,792 / 1,255
第84期 (当連結会計年度) 2022年度: 11,302 / 996

　事業施設事業では，法人のお客様の様々なニーズに応じた施設建設のプロデュースや不動産の有効活用をトータルサポートすることで業容の拡大を図ってまいりました。

　物流施設関連では，「DPL浦安Ⅳ」（千葉県）が竣工と同時に満床稼働となるなど，順調に開発を進めてまいりました。また，新潟県初となるマルチテナント型物流センター「DPL新潟巻潟東」を着工するなど，当社の強みである地方での拠点展開を活かし，製造業の国内回帰をターゲットとした地方における物流倉庫の開発を加速いたしました。なお，2022年度では全国41ヶ所の新規物流施設を着工しており，豊富な経験とノウハウでお客様の物流戦略をバックアップしております。

　主に当社が開発した物流施設を管理・運営する大和ハウスプロパティマネジメント株式会社では，2023年1月完成の「DPL坂戸Ⅱ」（埼玉県）をはじめとする物流施設等30棟について新規プロパティマネジメント（PM）契約を締結し，累計管理棟数は238棟，管理面積は約938万㎡となりました。

　大和物流株式会社では，物流基盤構築として2023年1月に「広島観音物流センター」，2023年3月に「丸亀物流センター」（香川県）を竣工し，物流センターを軸とした3PL（サード・パーティー・ロジスティクス）を積極的に展開してまいりました。

株式会社フジタでは，大型建築工事として清掃工場建替・物流倉庫・大学施設・市街地再開発事業での複合施設・生産施設等，土木事業としてエネルギー事業関連の受注により，建設受注高は堅調に推移いたしました。また，期首繰越工事の順調な進捗と開発案件の売却増加により，売上高は前年から大幅に増加いたしました。

　海外では，主な展開エリアとなるASEANにおいて，新型コロナウイルス感染症（COVID-19）対策の規制緩和が進んだものの，インドネシア・ベトナム・マレーシア・タイで推進中の物流倉庫事業については，円安による日系企業の設備投資意欲の減退の影響が継続しております。今後の日系企業のASEAN進出や事業拡大の再開に注視しつつ，外資系企業への営業活動を実施してまいります。

　以上の結果，当事業の売上高は1,130,230百万円（前連結会計年度比4.7％増），営業利益は99,630百万円（前連結会計年度比20.6％減）となりました。

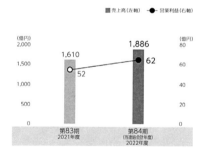

⑥環境エネルギー事業　　　　売上高構成比 **2.9%**

再生可能エネルギー発電所の開発・建築、再生可能エネルギーの発電及び電力小売事業等

■売上高（左軸）　●営業利益（右軸）

（億円）／（億円）　第83期 2021年度：1,610／52　第84期（当連結会計年度）2022年度：1,886／62

　環境エネルギー事業では，脱炭素への流れが加速し，再生可能エネルギーへのニーズが高まるなか，EPC事業（再生可能エネルギー発電所の設計・施工），PPS事業（電気小売事業），IPP事業（発電事業）の3つの事業を推進してまいりました。

　EPC事業では，脱FIT（再生可能エネルギーの固定買取制度）の取組みとして，屋根上や隣接地に設置した太陽光発電所から直接電力を供給する「オンサイト

PPA（※）」，太陽光発電所から離れた需要家に供給する「オフサイトPPA」の2つのPPA事業の拡大に注力しており，案件が増加しております。

PPS事業では，長期化するウクライナ情勢や円安の影響による資源価格の上昇により電力仕入価格が高騰し，厳しい事業環境が続いております。当社グループでは，低圧の燃料調整費の上限撤廃，高圧における市場連動型プランの開始，電源調達量に応じた電力供給，電力卸売市場からの調達比率の低減等の施策により収益性の改善に取組んでまいりました。直近では電力卸売市場のスポット価格も落着きはじめ，収益の改善が見込まれます。

IPP事業では，太陽光発電を中心に，風力発電，水力発電を全国480ヶ所で運営しております。今後も第7次中期経営計画の3つの経営方針の一環として「原則すべての新築建築物の屋根に太陽光発電の設置」の取組みを当社グループ全体で推進し，更なる再生可能エネルギー発電事業の拡大を目指してまいります。

以上の結果，当事業の売上高は188,611百万円（前連結会計年度比17.1％増），営業利益は6,285百万円（前連結会計年度比19.3％増）となりました。

※Power Purchase Agreement（パワー・パーチェス・アグリーメント）の略。電力購入契約。

⑦その他事業　　　　　　　　　　　売上高構成比　1.2%

リゾートホテル事業・その他

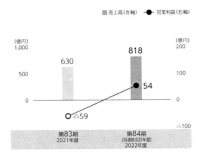

■売上高（左軸）　●営業利益（右軸）

	第83期 2021年度	第84期（当連結会計年度）2022年度
売上高（億円）	630	818
営業利益（億円）	△59	54

アコモデーション事業では，大和リゾート株式会社において，国内宿泊需要は全国旅行支援，県民割の実施により前年に比べ増加し，稼働率は前年を上回る結果となりました。

また，当社は「株式会社響灘火力発電所」の経営権を取得し，2023年1月26

日付で当社グループ会社といたしました。2022年度を初年度とする5ヵ年計画「第7次中期経営計画」において，"カーボンニュートラルの実現"をテーマとし，その一つとして再生可能エネルギーの供給量拡大を掲げております。2026年度には累計1,550MW以上，2030年度には累計2,500MW以上の再エネ供給施設を自社運営し，広く社会にクリーンなエネルギーを供給することを目指しております。そのような中，より積極的に自社運営施設を拡大すべく，定格出力112MWの発電能力を有する響灘火力発電所を取得いたしました。同社が運営する「響灘火力発電所」では，現在石炭とバイオマス燃料（木質ペレット）の混焼による発電をおこなっておりますが，バイオマス燃料を100%利用したバイオマス専焼発電所へ転換し，2026年4月の運転開始を目指してまいります。

　以上の結果，当事業の売上高は81,849百万円（前連結会計年度比29.8%増），営業利益は5,497百万円（前連結会計年度は5,922百万円の営業損失）となりました。

（注）　各セグメント別の売上高は，外部顧客への売上高にセグメント間の内部売上高又は振替高を加算したものです。（「第5　経理の状況　1（1）連結財務諸表注記事項（セグメント情報等）」を参照。）

2. キャッシュ・フローの状況 ･･････････････････････････････････････

　当連結会計年度における現金及び現金同等物（以下「資金」という。）は，営業活動による資金の増加230,298百万円，投資活動による資金の減少505,181百万円，財務活動による資金の増加287,452百万円等により，あわせて19,903百万円増加いたしました。この結果，当連結会計年度末には346,154百万円となりました。

（営業活動によるキャッシュ・フロー）

　当連結会計年度において営業活動による資金の増加は230,298百万円（前連結会計年度比31.5%減）となりました。これは，主に販売用不動産の取得や法人税等の支払いを行ったものの，税金等調整前当期純利益を440,496百万円計上したことによるものです。

（投資活動によるキャッシュ・フロー）

　当連結会計年度において投資活動による資金の減少は505,181百万円（前連結会計年度は467,423百万円の減少）となりました。これは，主に大規模物流施

設や商業施設等の有形固定資産の取得を行ったことによるものです。

（財務活動によるキャッシュ・フロー）

　当連結会計年度において財務活動による資金の増加は287,452百万円（前連結会計年度は24,427百万円の増加）となりました。これは，主に株主配当金の支払いを行ったものの，棚卸資産や投資用不動産の取得等のために，借入金や社債の発行による資金調達を行ったことによるものです。

3. 生産，受注及び販売の実績 ···

① 生産実績

　当社グループの生産・販売品目は，広範囲かつ多種多様であり，生産実績を定義することが困難であるため「生産の実績」は記載しておりません。

② 受注実績

　当連結会計年度における受注実績をセグメントごとに示すと，次のとおりです。

セグメントの名称	受注高（百万円）	前期増減率（％）	受注残高（百万円）	前期増減率（％）
戸建住宅	873,411	8.3	260,700	△10.2
賃貸住宅	1,086,615	10.5	119,943	△32.3
マンション	482,203	2.0	154,245	4.5
商業施設	1,106,407	7.1	230,342	11.2
事業施設	1,204,091	0.3	965,100	11.8
環境エネルギー	125,854	12.0	14,594	△54.6
その他	57,100	42.9	—	—
合計	4,935,684	6.2	1,744,926	1.6

(注) 各セグメントの金額は外部顧客への受注高・受注残高を表示しております。

③ 販売実績

　当連結会計年度における販売実績をセグメントごとに示すと，次のとおりです。

セグメントの名称	金額（百万円）	前期増減率（％）
戸建住宅	903,101	16.1
賃貸住宅	1,143,863	8.9
マンション	475,631	27.5
商業施設	1,083,151	5.8
事業施設	1,101,964	5.1
環境エネルギー	143,386	13.3
その他	57,100	42.8
合計	4,908,199	10.6

(注) 1. 各セグメントの金額は外部顧客への売上高を表示しております。（「第5 経理の状況 1 (1) 連結財務諸表注記事項（セグメント情報等）」を参照。）
   2. 総販売実績に対する割合が10%以上の相手先はありません。

（参考）提出会社個別の事業の状況は次のとおりです。

受注高，売上高及び繰越高

期別	部門別	前期繰越高（百万円）	当期受注高（百万円）	計（百万円）	当期売上高（百万円）	次期繰越高（百万円）
第83期 自 2021年4月1日 至 2022年3月31日	建築請負部門	651,575	1,134,762	1,786,337	1,230,254	556,083
	不動産事業部門	99,387	680,653	780,041	692,278	87,762
	その他事業部門	－	53,633	53,633	53,633	－
	計	750,962	1,869,049	2,620,012	1,976,165	643,846
第84期 自 2022年4月1日 至 2023年3月31日	建築請負部門	556,083	1,071,875	1,627,958	1,145,560	482,397
	不動産事業部門	87,762	856,874	944,637	772,203	172,434
	その他事業部門	－	88,302	88,302	88,302	－
	計	643,846	2,017,052	2,660,898	2,006,066	654,831

(注) 1. 損益計算書においては，建築請負部門は「完成工事高」，不動産事業部門は「不動産事業売上高」，その他事業部門は「その他の売上高」として表示しております。
   2. 前期以前に受注したもので契約の更改により金額に変更あるものについては，当期受注高及び当期売上高にその増減を含めております。
   3. 次期繰越高は（前期繰越高＋当期受注高－当期売上高）です。
   4. 「収益認識に関する会計基準」（企業会計基準第29号　2020年3月31日）等を第83期の期首から適用しており，第83期以降の前期繰越高については，当該会計基準等を適用して表示しております。

4. 重要な会計上の見積り及び当該見積りに用いた仮定 ·····················

　当社グループの連結財務諸表は，わが国において一般に公正妥当と認められている会計基準に基づき作成しております。この連結財務諸表作成にあたって，資産，負債，収益及び費用の報告額に影響を及ぼす見積り及び仮定を用いておりますが，これらの見積り及び仮定に基づく数値は実際の結果と異なる可能性があります。

　連結財務諸表の作成にあたって用いた会計上の見積り及び仮定のうち，重要なものは「第5　経理の状況　1　連結財務諸表等（1）連結財務諸表注記事項（重要な会計上の見積り）」に記載しております。

（2）　経営者の視点による経営成績等の状況に関する分析・検討内容 ············

　経営者の視点による当社グループの経営成績等の状況に関する認識及び分析・検討内容は次のとおりです。

　なお，文中の将来に関する事項は，当連結会計年度末現在において判断したものであり，その達成を保証するものではありません。

企業価値の最大化に向けて
積極的な成長投資を継続し，利益成長と資本効率向上の両立を目指します

着実な事業成長に向けて優良な資産を積み上げる

　第7次中期経営計画（以下，7次中計）の経営方針である「経営効率の向上」及び「収益モデルの進化」に向けて取り組みを進めております。規模拡大や安定的な利益成長が期待できる分野に積極的に投資し，優良な資産を積み上げることで着実な成長を目指します。その結果として，得られるリターンを株主に還元すると共に，次の更なる成長に向けて再投資をしていきます。成長に向けた投資先としては，物流施設や商業施設を中心に新規領域への投資先としてデータセンター，公設卸売市場などを含めた不動産開発投資です。2022年度においては，不動産開発投資4,080億円の結果，投資不動産残高は1兆6,108億円となり，将来のキャピタルゲインにつながる優良な資産は順調に積み上がっています。それに加え，

海外成長に向けた住宅分野への投資や，カーボンニュートラル実現に向けた投資も戦略投資として積極的に推進していきます。

そのほかDXのためのIT基盤投資，デジタルコンストラクション投資などの設備投資についても進めており，ロボット技術やドローンを活用した作業の省人化・自動化などにも取り組んでいます。将来の事業を支える人的資本・知的資本への投資も進めています。

D/Eレシオは0.6倍を上回るも投資ハードルレートを引き上げ，金利上昇に備える

経営効率の向上に向けては，財務健全性の維持も重要視しています。当社は，D/Eレシオ0.6倍程度という財務規律を設けておりますが，2023年3月末においては，有利子負債は1兆8,494億円となり，D/Eレシオは0.72倍（ハイブリッドファイナンスの資本性考慮後）となりました。

その背景として，海外成長に向けた投資が先行している事があります。米国戸建住宅事業は順調に推移していたため，少しアクセルを踏み込みましたが，急激な金利上昇を受け，受注環境が一時的に減退し，期末での在庫が増えたことに加え，円安の影響もありバランスシートが膨らみました。また国内の賃貸住宅事業や商業施設事業においては，請負だけではなく，地域に密着した土地情報を活かす分譲事業を積極的に展開しており在庫が積み上がりました。それが，有利子負債の増加の一因にもなっています。しかし分譲事業については，順調に売却ができており，高い資産回転率を維持しています。

中計策定時から，中計前半は最終年度に向けて投資が先行することは想定しており，D/Eレシオも0.6倍を上回るとみていました。しかし，昨今の金利動向や，今後を見据えて，先手先手で備えていく必要はあると考えています。それに向けた対応策の1つとして，まずは2023年2月より不動産開発投資の判断基準として設けているIRRのハードルレートを10％に引き上げました。

2008年に不動産投資委員会（現・事業投資委員会）を設置した当時は，まだまだ請負工事による利益獲得が事業の中心であったこともあり，社内に「資本コスト」を意識させる目的もあって投資判断基準にIRRを採用しました。今回の引き上げは，先の先を見据えたリスク管理の重要性への認識と，「ROE13％以上の達成」への強い意識付けにつながるものと考えています。なお，過去のプロジェ

クトを検証した結果，多くの案件はIRR10%以上を達成していた事から，今回の基準変更が大幅な投資縮小につながる事はないと考えています。加えて，海外での投資案件については各国に応じたリスクプレミアム等を上乗せし，リスク管理をしています。また環境貢献に資する投資を優先するという目的で，インターナルカーボンプライシング（ICP）を導入し，投資の評価基準に加えました。これにより，環境への投資促進も図っていきます。

　一方，資金調達については，2022年度は2回の社債発行により2,000億円の資金調達を実施しました。金利の先高観もあり，低金利での長期の資金調達は徐々に難しくなってきています。そのため，外部からの調達だけではなく，投資用不動産，販売用不動産の売却による資金回収のスピードを更に上げていきます。金利上昇環境による不動産売買マーケットの変化を懸念する声を投資家の方からいただくこともありますが，現状は，国内の不動産売買マーケットに大きな変化はありません。当社はこれまでも，様々な場所でバラエティーに富んだアセットを開発し，これまで積み上げてきたテナントとのリレーションを活かしながら，適地を踏まえたテナント企業を誘致し，そして多様な出口によって不動産を売却することで，大きな利益を安定的に創出してきました。これらの強みを活かしながら，引き続き，不動産開発事業による大きな利益，キャッシュ・フローの創出を実現していきます。

ROE13%以上を達成し市場における企業価値を高める

　2023年3月に東京証券取引所からPBR1倍割れの企業に対しての改善要請が出されました。残念ながら当社のPBRは23年3月末時点で0.9倍台となっており，まだまだ経営改善の余地があるものと考えております。2022年度のROEは14.3%となりましたが，退職給付数理差異の影響によりROEを3ポイント程度押し上げた結果です。過去実績を分析したところ，PBRが1.85倍と最も高かった2017年度は，当社の株主資本コストの2倍以上となるROE17%が実現できていました。成長ドライバーであった3事業（賃貸住宅事業，商業施設事業，事業施設事業）で高い利益率を実現しながら，利益成長率が高かったことが要因でありますが，やはり市場評価を得るにはROE13%以上の達成は欠かせないと考えています。

それに向けて，当社グループでは7次中計で掲げる通り，事業ポートフォリオの最適化を進めています。成長を牽引する事業については重点的に投資することで規模を拡大する。一方で，今後の成長性，資本効率性の面で課題のある事業については，成長シナリオを再考し，再建・再編を進めており，2022年12月にはリゾートホテル事業の譲渡を決断しました。今後の事業ポートフォリオの最適化に向けた検討にあたっては，当社グループ内でシナジーが期待できるか，当社がベストオーナーか，という点を重視し，大和ハウスだからこそ価値を最大化できる事業，将来の利益成長をけん引する事業へ経営資源を集中していく考えです。これらの取組みを並行して進めることで，最終年度にROE13%以上を到達できるものと考えています。23年3月末時点でPERは6倍であり，業界特性はあるものの，市場全体から見れば低いと考えていますので，今後も事業プロセスの見直しやIT化などによる業務の効率化を進め，グループ集中購買の取組みによるコスト競争力の強化にも引き続き取り組んでいきます。

ROICへの社内意識の向上により資本効率の高い経営を実現する

　2021年4月の事業本部制の導入以降，社内においてはROICを重要な経営指標の一つとして採用してきました。各事業本部が自律的に経営を行い，ROICへの意識は高まってきているように感じています。それぞれの事業特性に応じて，事業本部長が傘下のグループ会社を含めたバランスシートに責任をもち，事業本部単位でストックとフローのバランスを取りながら利益を上げていくわけですが，利益一辺倒ではなく，投資効率を重視する意識が浸透することで適切な判断がなされることを期待しています。加えて，各事業本部の相互連携が事業全体の収益性向上につながることも期待しています。

　資本効率の高い経営を実現するためには，さらなる利益率の向上と資産回転率の改善が必要です。土地を絡めた分譲事業も積極的に進めていますが，資産回転率と投資の「質」の管理は，相当に意識しています。しかし直近の回転率は0.8回転程度となっています。2012年度から2019年度にかけては概ね1倍程度で推移しておりましたので，回転率改善のために棚卸資産の販売促進や，投資不動産の売却等に引き続き取り組んでいきます。事業所評価においては，業績評価に加えてキャッシュ・フローの観点から長期滞留の土地保有の有無，売掛金の早期

回収や前受金比率の増加などを評価項目とし，事業所の凡事徹底の積み重ねが資本効率の向上に寄与するようにしています。

　非効率資産の圧縮に向けては，政策保有株式の縮減を継続して進めています。毎年取締役会に上程して保有理由などの精査を行い，中長期的な経済合理性を検証しています。2022年度は一部売却も含め，11銘柄の株式売却を実施しました。見直しを始めた2014年度末の98銘柄から2022年度末では56銘柄へと着実に減少しています。

海外における事業投資の状況と管理監督機能強化

　CFOとして，海外事業に対しては，引き続き金利動向や世界情勢などを注視しながら監督しています。冒頭でも触れたように，土地が起点となる米国住宅事業においては，販売用不動産は22年3月末と比べて1,086億円（為替影響含む），増加しています。住宅ローン金利の上昇や住宅価格の高騰によって需要が減少傾向になるなど事業は2022年後半から減速局面に入りました。しかし含み損が出るような状況ではありません。長期的には米国の人口増加や住宅需要の持続的な拡大が予想されることから，むしろ良い土地を取得するチャンスと捉え，潜在的な住宅需要への備えとして優良な土地の取得をきちんと精査しながら進めていきます。

　中国マンション事業については2025年度，2026年度引渡し予定の2つのプロジェクトが進行中で，販売用不動産は建設が進むに従って，今後積み上がる予定です。足下の売れ行きは，まだ完成までに時間がある中，市場の不動産価格が下落局面であることから低調ではありますが，現状は値引きなどせず，状況を注視しながら現地に密着した販売を進めています。

　海外におけるリスクマネジメントの強化は2019年の不祥事以来，継続的に取り組む重要課題として認識しており，RC機能の整備・強化を進めてきました。一方で，国内についても，さらなる管理監督機能の強化に向けて，2023年2月に組織改編を発表しました。本店・支社がリーダーシップを発揮し，支店との連携を通じて，管轄するエリアにおける法令遵守・ガバナンスに関する責任を全うできる体制を整えました。健全な事業所経営に向けた組織改革を押し進め，業務効率性と法令遵守の徹底を図っていきます。

安定的な株主還元を実現する

　当社の株主還元に関する基本方針は，事業活動を通じて創出した利益を株主の皆さまへ還元することと併せて，中長期的な企業価値最大化のために不動産開発投資，海外事業展開，M&A，研究開発および生産設備などの成長投資に資金を投下し，1株当たり当期純利益を増大させ，株主価値向上を図ることとしています。2022年度の年間配当金額は130円，13期連続の増配を実現することができました。

　一方，退職給付会計における数理計算上の差異（数理差異）の影響により，配当性向は27.7%と，公表している配当性向35%を下回りました。当社では数理差異は発生年度において一括処理する方法を採用していますが，2022年度は，金融政策の変更等の影響を受けた期末日における市場金利を踏まえ，企業年金制度および退職一時金制度の退職給付債務の算定に用いる割引率を，主として0.8%から1.5%へ変更しました。これに伴う退職給付債務の減少額として営業利益（営業費用の減額）が812億円発生し，加えて，年金資産の運用から生じる運用益159億円等を含めた数理計算上の差異も併せて966億円の影響額となりました。本件は，キャッシュ・フローを伴わない事象となることから，今回はその影響額を除いて配当金額を決定させていただき，退職数理差異の影響を除いた配当性向は35.6%となっています。また経営環境の変化に対応した機動的な資本政策を遂行する株主還元の一環として，23年5月に700万株の自己株式の消却の実施と，1,000万株（取得金額350億円）を上限とする自己株式の取得を発表しました。

　今後も中計で掲げた株主還元方針に変わりはありません。コロナ禍による一時的な事業環境の変化の状況において当社グループの多様なポートフォリオの強みを再認識したことなどから，7次中計では下限配当金額130円を設定しています。着実な利益成長を実現しながら，配当性向35%以上の維持や機動的な自己株式の取得など引き続き安定的な株主還元を実現していきます。

"将来の夢"の実現に向けた企業価値の向上を引き続き目指します

　2055年に向けて策定した"将来の夢"（パーパス）の実現に向けて，2022年度は，当社の全国の事業所ごとにワークショップ等で議論を深め，それぞれの地域でどのような"未来の景色"を目指すのかを「ミライマチ宣言」としてまとめま

した。2023年度は組織と個人への浸透策を進め，一人ひとりが世の中の変化やお客さまをはじめとしたステークホルダーに目を向け，行動を起こしていけるようなフェーズに入っていく計画です。これらの活動を通じて培われていく思想や考え方が，当社グループの新たな企業文化の醸成につながることを期待しています。

　私たち大和ハウスグループの企業価値向上は，利益を創出する事業価値と，"世の中の役に立つ"という考え方のもと事業を通じて生み出される社会価値を伴わなければ実現できないと思います。そしてそれを実行する人的資本の価値向上にも取り組まなければなりません。今後も皆様に期待していただける大和ハウスグループであり続けられるよう，"将来の夢"の実現に向けた持続的な企業価値の向上を目指していきます。

資本政策の基本方針（概念図）

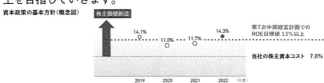

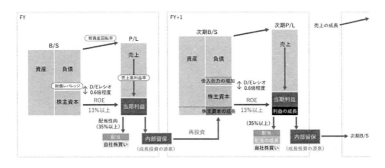

成長投資に必要な資金の源泉となる，営業キャッシュ・フローの確保に加え、政策保有株や非効率資産の圧縮などにより投資キャッシュ・フローを創出し、一部を株主還元したうえで、内部留保を積み増しし、成長分野へ資本を再投資しながら、適正水準の財務レバレッジを意識していきます。

▼

着実な利益成長による営業キャッシュ・フローの確保

再投資した資本を株主の期待収益率（株主資本コスト）を上回る資本効率でリターンに結び付けることで、利益や配当の成長につなげるとともに、次なる成長投資に必要な資本を増加させていきます。

▼

最適資本構成をふまえた目標ROEの達成

財務の状況　[図1・2]

　2022年度末の総資産は、2021年度末比で6,204億円増加し、6兆1,420億円となりました。その主な要因は、戸建住宅事業における販売用不動産の仕入により棚卸資産が増加したことや、投資用不動産等の取得により有形固定資産が増加したことによるものです。

　負債合計については、2021年度末比で3,428億円の増加となり、3兆7,531億円となりました。その主な要因は、販売用不動産や投資用不動産の取得等のために借入金や社債の発行による資金調達を行ったことによるものです。

　純資産合計については、2021年度末比で2,775億円増加し、2兆3,889億円となりました。その主な要因は、株主配当金860億円の支払いを行ったものの、3,083億円の親会社株主に帰属する当期純利益を計上したことや、円安の影響等を受けたことにより為替換算調整勘定が増加したことによるものです。

　リース債務等を除く有利子負債残高は、2021年度末比で4,240億円増加し、1兆8,494億円となりました。D/Eレシオについては、0.72倍（※1）となり、0.6倍程度としている財務規律を上回っておりますが、これは成長のための積極的な投資が先行していることによるものです。

　資産内訳については、棚卸資産の残高が2兆916億円となり、大きな割合を占める状況となっております。今後も、棚卸資産や投資用不動産の取得等により、資産が膨らむことが予測されますが、最適資本構成の検証により財務の健全性維持に努めてまいります。

※1　ハイブリッドファイナンス（2019年9月に発行した公募ハイブリッド社債（劣後特約付社債）1,500億円、及び2020年10月に調達したハイブリッドローン（劣後特約付ローン）1,000億円）について、格付上の資本性50％を考慮して算出しております。

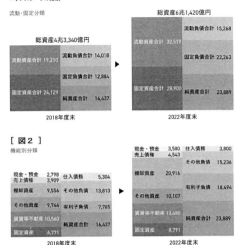

[図1]
バランスシートの比較

流動・固定分類

総資産4兆3,340億円

流動資産合計 19,210	流動負債合計 14,018
	固定負債合計 12,884
固定資産合計 24,129	純資産合計 16,437

2018年度末

総資産6兆1,420億円

流動資産合計 32,519	流動負債合計 15,268
	固定負債合計 22,263
固定資産合計 28,900	純資産合計 23,889

2022年度末

第5次中期経営計画の最終年度（2018年度）との比較を行っております。
① 流動比率は137％から213％へと上昇
② 固定比率は151％から127％へと低下
③ 固定長期適合率は84％から64％へと低下
④ 自己資本は1兆5,959億円から2兆2,842億円へと成長

[図2]
機能別分類

2018年度末

現金・預金 2,798 売上債権 3,909	仕入債務 5,304
棚卸資産 9,556	その他負債 13,813
その他資産 9,744	有利子負債 7,785
賃貸等不動産 10,560	純資産合計 16,437
固定資産 6,771	

2022年度末

現金・預金 3,580 売上債権 4,543	仕入債務 3,800
	その他負債 15,236
棚卸資産 20,916	
	有利子負債 18,494
その他資産 10,107	
賃貸等不動産 13,480	純資産合計 23,889
固定資産 8,791	

① 運転資本（売上債権＋たな卸資産－仕入債務）は，2,555億円から1兆6,139億円へと増加。
② リース債務等を除く有利子負債は3,836億円から1兆4,254億円へと増加。また自己資本に対する比率（D/Eレシオ）も0.58倍から0.61倍へと上昇。
③ 賃貸等不動産を増加させつつ，自己資本に対する賃貸等不動産及び固定資産の比率は1.18倍から1.05倍へと低下。

資産増加の分析　［図3・4］

　2022年度末の棚卸資産は2兆916億円となり，2018年度対比で119％の増加となっております。主な増加要因は，当社の強みの一つである「土地を起点とした複合的な事業提案力」の強化を図り，特に賃貸住宅や商業施設事業において分譲事業を推進し，投資不動産の購入を検討されているお客様に向けた販売用不動産の仕入を増加させたことによるものです。また米国住宅市場における事業拡大や中国における分譲マンションの開発等も棚卸資産の増加につながっております。セグメント別には，海外で分譲事業を展開している戸建住宅やマンション事業，国内で開発した物流施設等の売却を進めている事業施設事業の割合が高くなっております。

　投資不動産は1兆6,108億円となり，2018年度対比で49％の増加となっております。内訳としては流動化不動産（※2）が1兆2,599億円で71％の増加，収益不動産（※3）が3,509億円で2.9％の増加となっており，流動化不動産の増加

が投資不動産の増加につながっております。主な増加要因は収益ドライバーの一つである物流施設の開発投資を拡大したことによるものです。

　資産の増加は棚卸資産や投資不動産の増加によるところが大きくなっていますが，これは成長のための投資を積極的に行っている事によるものです。投資に際しては，IRRを重要な指標として意思決定しており，売却時には資金回収及び収益獲得に寄与するものと考えております。今後も，市場の環境等を踏まえながら最適なタイミングで売却を実施し，資本効率の向上に努めてまいります。

※2. 流動化不動産：値上がり益を得る目的で投資後，早期に売却可能な不動産。
※3. 収益不動産：賃貸収益を得る目的で投資・開発した不動産。

[図3]
棚卸資産

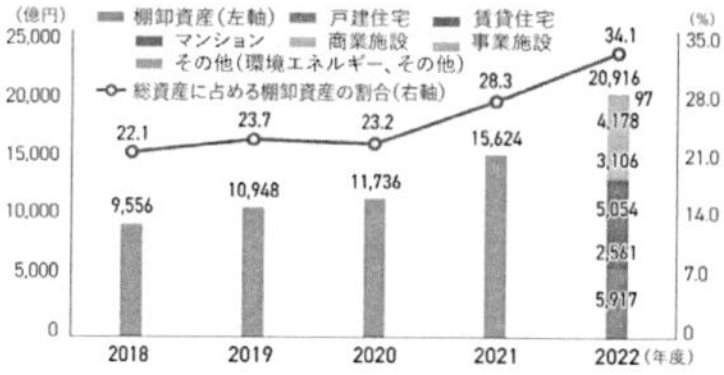

[図4]
投資不動産

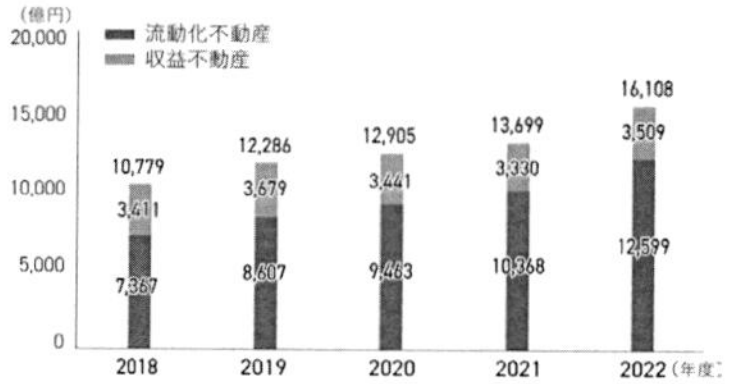

Ⅱ．キャッシュ・フロー（CF）

基本的な考え方

　キャッシュ・マネジメントについては，事業活動によるキャッシュ創出額を基準として投資を行うことを基本的な考え方としております。第7次中期経営計画において，財務規律としてD/Eレシオを0.6倍程度に設定しておりますが，優良な投資機会に対しては，積極的な投資を行う必要があり，成長のための投資が先行し一時的に規律を上回ることがあります。中長期的には，0.6倍程度に有利子負債の水準をコントロールするため，社内の投資判断基準であるIRRのハードルレートを8.5％から10％に引き上げ，成長投資と財務健全性の維持の均衡を図っております。

キャッシュフローの状況　[図5・6]

　2022年度における営業活動CFは，2,302億円となり，2021年度に比べ1,061

億円減少し，自己資本を１とした場合の営業活動CF比率は，2021年度の0.17から0.07ポイント下降し0.10となりました。その主な要因は，4,404億円の税金等調整前当期純利益を計上したものの，販売用不動産の取得や法人税等の支払いがあったことによるものです。

投資活動CFについては，第７次中期経営計画における投資計画に基づき，賃貸等不動産等の取得や，不動産開発事業への投資を4,294億円実行したことなどにより，△5,051億円となりました。その結果，フリー・キャッシュ・フロー（営業活動CF＋投資活動CF）は△2,748億円となり，また，棚卸資産や投資用不動産の取得等のために，借入金や社債の発行による資金調達を行ったことなどにより，財務活動CFは2,874億円となりました。

これらの結果，現金及び現金同等物の2022年度末残高は2021年度末から199億円増加し，3,461億円となりました。

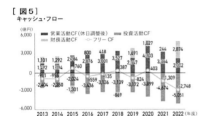

[図５]
キャッシュ・フロー

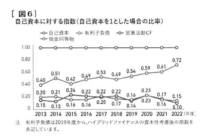

[図６]
自己資本に対する指数（自己資本を1とした場合の比率）

注　有利子負債は2019年度から，ハイブリッドファイナンスの資本性考慮後の指数を表記しています。

Ⅲ．損益の状況

自己資本利益率（ROE）　[図７]

自己資本利益率（ROE）は14.3％となりましたが，退職給付会計における数理計算上の差異等966億円（益）を営業利益として計上したことにより，ROEを３ポイント程度押し上げ

[図７]
ROE

ております。当社は，第7次中期経営計画においてはROE13％以上を経営目標に掲げておりますが，事業ポートフォリオの最適化や非効率資産の圧縮等，さまざまな観点から資本効率の改善に向けて取組んでまいります。

（ROE分解）売上高当期純利益率　[図8]

　親会社株主に帰属する当期純利益は3,083億円となり，2018年度からの5年間の年平均成長率は6.8％となりました。当期純利益率については6.3％となり，退職給付会計における数理計算上の差異の影響もありますが，それ

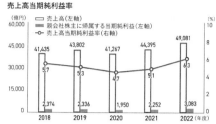

[図8]
売上高当期純利益率

を除いても改善傾向にあります。資材価格や燃料費の高騰もありますが，コロナ影響からの回復が利益率改善につながっております。

（ROE分解）総資産回転率　[図9・図10]

　売上高は4兆9,081億円となり，2018年度からの5年間の年平均成長率は4.3％となりました。総資産回転率（※4）については，前期と比べて横ばいの0.84倍となりました。当社グループの事業は，投資が不要な建設請負事業が中心だったところから，不動産開発事業のように先行投資が必要な事業の割合が増加してきており，売上高に占める開発物件売却の割合も増加してきております（図10参照）。ビジネスモデルの変革により低下することとなりますが，回転率の改善のため，

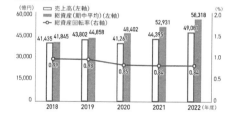

[図9]
総資産回転率

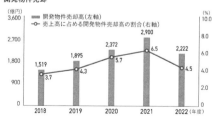

[図10]
開発物件売却

ストックとフローのバランスを取りながら棚卸資産の販売促進や投資不動産の売却，政策保有株式の売却等，資産の効率的な活用の徹底に引き続き取組んでまいります。

※4 総資産は期中平均で算出

(ROE分解) 財務レバレッジ ［図11］

自己資本は2兆2,842億円となり，2018年度からの5年間の年平均成長率は9.4%となりました。財務レバレッジ（※5）は，前期と比べて3.5ポイント低下し，271.0%となりました。D/Eレシオを財務規律として設定すること

［ 図11 ］
財務レバレッジ

で，財務レバレッジをコントロールしながら，成長投資への資金を確保し，財務基盤の強化に努めます。

※5. 総資産及び自己資本は期中平均で算出。

投下資本利益率 (ROIC) ［図12・13］

税引後営業利益 (NOPAT)（※6）は，3,230億円となり，投下資本（自己資本＋有利子負債）（※7）4兆1,336億円に対する利益率（ROIC）は8.5%となりました。株主資本コストを上回る資本効率でリターンに結び付けるため

［ 図12 ］
投下資本利益率（ROIC）

に，現場においては図13に示すような通常業務の改善に「凡事徹底」で取組み，ROICの向上に努めてまいります。

※4 税引後営業利益 (NOPAT) ＝営業利益×（1−実効法人税率）
※5 期中平均

[図13]
現場における投下資本利益率（ROIC）向上への取り組み

海外業績　[図14・15]

　　海外事業における売上高は6,739億円，営業利益は529億円となり，2018年度からの5年間における年平均成長率は売上高24.7％，営業利益42.3％となりました。当社業績に占める海外事業の割合も上昇傾向にあります。当社は米国の住宅会社のM&Aや中国でのマンション開発等，海外事業に積極的に取組んでおります。第7次中期経営計画において，地域密着型の海外事業による成長の加速を重点テーマの一つとし，最終年度には，海外売上高1兆円・営業利益1,000億円を目指してまいります。

[図14]
売上高

[図15]
営業利益

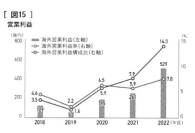

収益性分析　[図16]

営業利益においては，賃貸住宅，商業施設，事業施設事業の3つのセグメントで全体の70％以上を占めております。

また，環境エネルギー事業においては，売上高構成比としては2.9％にとどまるものの，脱炭素社会の実現に向けて再生可能エネルギーの普及の貢献に積極的に取組んでおります。

戸建住宅，マンション事業については，人口減少に伴い，新設住宅着工戸数の減少も見込まれる中，エリアの選択やターゲットの明確化により利益率の改善を図ってまいります。

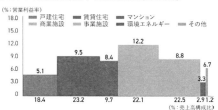

[図16]
［セグメント別］営業利益率／売上高構成比（2022年度）

セグメント資産に対する営業利益率　[図17]

セグメント資産に対する営業利益率については，分譲事業の推進により棚卸資産残高は増えているものの，請負事業や賃貸管理事業の利益貢献度の高い賃貸住宅事業が高い数値を示しております。

事業施設事業については，物流施設やデータセンター等の市場の成長に対応し，長期大型開発へ積極的な投資を行っております。現在は取得済みの土地に係る建設投資を進めていることから，現時点における資産利益率は低い水準となっておりますが，今後の投資回収期にはキャッシュ・フローに大きく寄与してくることを見込んでおります。

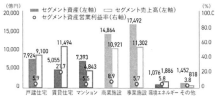

[図17]
セグメント資産営業利益率（2022年度）

注　セグメント資産は期中平均

事業投資の状況　[図18]

　事業投資の状況としては，持続的成長を見据え積極投資を維持し，収益ドライバーである物流施設を中心とした事業施設事業と地域ポテンシャルを引き出し雇用創出や賑わいに貢献する商業施設事業への開発投資を拡大しております。

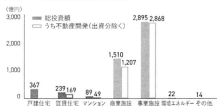

[図18]
[セグメント別]総投資額（2022年度）

また，これらの事業によって創出された資金を活用し，新たな収益の柱として育成すべく新規事業や海外事業等への投資も併せて実施しております。

V．株主還元及び株価の状況

株主還元　[図19]

　2022年度は，年間配当金額130円，配当性向27.7％とし，13期連続の増配を実現いたしました。配当性向は27.7％となりましたが，退職給付会計における数理計算上の差異の影響を除くと35.6％となります。第7次中期経営計画では

[図19]
株主還元

配当性向を従来の30％以上から5ポイント引き上げ35％以上とし，業績に連動した利益還元を行い，かつ年間の配当金額の下限を130円とし，安定的な配当の維持に努めてまいります。

　また，700万株の自己株式の消却を2023年5月に実施し，1,000万株（取得価額350億円）を上限とする自己株式の取得を2024年3月までに実施いたします。

　注　2015年度及び2022年度の配当性向の増減は，主に退職給付債務算定に用いる割引率を変更したことによるものです。

株価純資産倍率 (PBR) [図20]

1株当たり純資産 (BPS) は 3,466.86円となり、2018年度からの5年間の年平均成長率は 9.6%となりました。株価純資産倍率 (PBR) については、0.90倍となり、1.00倍を下回る結果となりました。株式市場からの評価を

[図20]
BPS/PBR

得るためには、ROEの向上と事業ポートフォリオの最適化による資本効率の向上が必要であると考えます。これらの取組みを進め、加えて財務健全性やガバナンスの強化、IR活動を通じた投資家との対話により、今後も企業価値の最大化を図ってまいります。

[図21]

大和ハウス工業の株価およびTOPIXの推移

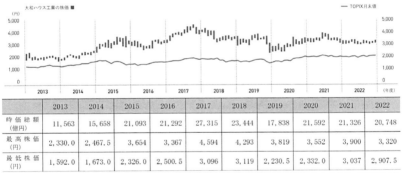

	2013	2014	2015	2016	2017	2018	2019	2020	2021	2022
時価総額 (億円)	11,563	15,658	21,093	21,292	27,315	23,444	17,838	21,592	21,326	20,748
最高株価 (円)	2,330.0	2,467.5	3,654	3,367	4,594	4,293	3,819	3,552	3,900	3,320
最低株価 (円)	1,592.0	1,673.0	2,326.0	2,500.5	3,096	3,119	2,230.5	2,332.0	3,037	2,907.5

注 最高・最低株価は、2022年4月3日以前は東京証券取引所市場第一部におけるものであり、2022年4月4日以降は東京証券取引所プライム市場におけるものです。

　当社は，2022年度を初年度とする5ヵ年計画「第7次中期経営計画」をスタートいたしました。初年度は，退職給付会計における数理計算上の差異の影響もありますが，順調なスタートを切ることができました。D/Eレシオについては，投資が先行しており，財務規律を上回っておりますが，最終年度に向けてコントロールしてまいります。原材料・エネルギー価格の高騰や金融資本市場の変動等の影響により厳しい事業環境が続きますが，計画達成に向けて，「収益モデルの進化」「経営効率の向上」「経営基盤の強化」の3つの経営方針を掲げ，持続的な成長モデルの実現に向け，海外事業のさらなる進展や，地域を活性化させる複合再開発の推進，カーボンニュートラルの実現に向けた取組み等，各施策を実施してまいります。

財務目標

財務目標
[図22]

	2022年度	2026年度
売上高	4兆9,081億円	5兆5,000億円
営業利益	3,687億円	5,000億円
当期純利益	2,402億円	3,400億円
ROE	14.3%	13%以上
配当性向	35.6%	35%以上
D/Eレシオ	0.72倍	0.6倍程度

注　営業利益・当期純利益・配当性向は退職給付数理差異等を除く。当期純利益は親会社株主に帰属する当期純利益。D/Eレシオは，ハイブリットファイナンスの資本性考慮後。

事業別業績目標

事業別業績目標
[図23]

	売上高				営業利益			
	2022年度		2026年度		2022年度		2026年度	
	全体	(海外)	全体	(海外)	全体	(海外)	全体	(海外)
戸建住宅	9,100	4,638	12,500	7,300	466 (5%)	369 (8%)	1,000 (8%)	750 (10%)
賃貸住宅	11,494	301	12,500	600	1,097 (10%)	26 (9%)	1,200 (10%)	100 (17%)
マンション	4,843	975	4,000	1,500	408 (8%)	189 (0%)	250 (6%)	180 (12%)
商業施設	10,921	15	12,500	250	1,329 (12%)	△ 10	1,600 (13%)	50 (20%)
事業施設	11,302	761	13,000	900	996 (9%)	△ 24	1,600 (12%)	90 (10%)
環境エネルギー	1,886	-	1,700	20	62 (3%)	-	100 (6%)	2 (10%)
その他	818	46	700	80	54 (7%)	△ 0	50 (7%)	△ 29
合計	49,081	6,739	55,000	10,000	3,687 (8%)	529 (8%)	5,000 (9%)	1,000 (10%)

(単位：億円)

注　営業利益は退職給付数理差異等を除く。

設備の状況

1 設備投資等の概要

当連結会計年度は，提出会社においては，商業施設・事業施設等の建築・賃貸事業を推し進めるために，賃貸用不動産を積極的に取得いたしました。

また，国内子会社においては，主に事業施設事業において有形固定資産の取得を進めた結果，当連結会計年度の当社グループの設備投資額は次のとおりとなりました。

セグメントの名称	前連結会計年度 （百万円）	当連結会計年度 （百万円）	増減 （百万円）
戸建住宅	20,689	36,759	16,069
賃貸住宅	29,283	23,980	△5,303
マンション	12,048	8,988	△3,060
商業施設	131,257	151,009	19,751
事業施設	220,301	289,527	69,225
環境エネルギー	4,670	2,227	△2,443
その他	1,109	1,427	318
計	419,361	513,920	94,559
調整額	6,445	4,222	△2,223
合計	425,807	518,143	92,336

1. 当社グループにおける主要な設備は以下のとおりです。‥‥‥‥‥‥‥‥‥‥

(1) 提出会社 ‥‥‥‥‥‥‥‥‥‥‥‥‥‥‥‥‥‥‥‥‥‥‥‥‥‥

（2023年3月31日現在）

設備の内容	セグメントの名称	建物及び構築物 （百万円）	機械装置及び運搬具 （百万円）	土地 金額 （百万円）	土地 面積 （千㎡）	リース資産 （百万円）	その他 （百万円）	帳簿価額合計 （百万円）	従業員数 （人）
本社・支社・支店 （62ヶ所）	戸建住宅 賃貸住宅 マンション 商業施設 事業施設 環境エネルギー その他	53,693	1,384	54,260	(1,170) 7,732	3,129	3,204	115,673	15,384
賃貸等不動産 （287ヶ所）	賃貸住宅 マンション 商業施設 事業施設	106,781	424	316,405	(472) 4,184	－	－	423,610	
工場 （9ヶ所）	戸建住宅 賃貸住宅 商業施設 事業施設	24,193	7,959	49,023	2,191	9	251	81,436	385
研究開発施設 （2ヶ所）	戸建住宅 賃貸住宅 マンション 商業施設 事業施設 環境エネルギー その他	689	77	2,473	34	－	53	3,293	324
ホテル・ゴルフ場 （23ヶ所）	賃貸住宅 マンション その他	11,170	144	14,013	(2,287) 8,019	－	250	25,579	※1

※1.　提出会社が連結子会社大和リゾート（株），ダイワロイヤルゴルフ（株），大和リビング（株），西脇ロイヤルホテル（株）及び外部会社に運営管理を委託しております。

(2) 国内子会社

(2023年3月31日現在)

会社名	設備の内容	セグメントの名称	建物及び構築物（百万円）	機械装置及び運搬具（百万円）	土地 金額（百万円）	土地 面積（千㎡）	リース資産（百万円）	その他（百万円）	帳簿価額合計（百万円）	従業員数（人）
㈱デザインアーク	工場（3ヶ所）	戸建住宅	495	127	1,368	71	3	26	2,021	※2 992
	配送センター（13ヶ所）	戸建住宅	1,798	116	2,161	63	－	697	4,773	
大和リビング㈱	賃貸用集合住宅等（433ヶ所）	賃貸住宅	17,063	249	2,186	(673) 25	1,561	－	21,061	※2 2,065
大和リース㈱	賃貸用商業施設（602ヶ所）	商業施設	110,669	724	53,197	(3,503) 665	4,468	4,710	173,768	※2 2,322
	工場・物流倉庫（14ヶ所）	商業施設	1,312	326	5,709	(23) 450	－	76	7,423	
	リース用仮設建物（798千㎡）	商業施設	3,473	－	－	－	－	－	3,473	
	リース用車両運搬具（11,508台）	商業施設	－	11,785	－	－	－	－	11,785	
大和ハウスリアルティマネジメント㈱	賃貸用商業施設（1,223ヶ所）	商業施設	54,255	60	19,504	(503) 364	18,521	177	92,519	※2 545
	都市型ホテル施設（22ヶ所）	商業施設	12,941	217	7,715	10	18,169	169	39,214	
ロイヤルホームセンター㈱	ホームセンター（27ヶ所）	商業施設	14,471	238	8,577	(193) 77	179	861	24,328	※2 692
㈱フジタ	技術センター（1ヶ所）	事業施設	2,228	901	1,613	28	－	293	5,035	※2 3,213
大和物流㈱	物流センター（23ヶ所）	事業施設	24,854	744	4,288	(131) 210	1,207	126	31,221	※2 1,407
	賃貸用物流倉庫（15ヶ所）	事業施設	3,805	－	730	(117) 22	1,945	3	6,485	
大和リゾート㈱	リゾートホテル施設（27ヶ所）	その他	9,910	174	13,591	(92) 1,294	161	68	23,902	※2 1,762

※2. 各会社の従業員数を記載しております。

(3) 在外子会社

会社名	設備の内容	セグメントの名称	建物及び構築物（百万円）	機械装置及び運搬具（百万円）	土地 金額（百万円）	土地 面積（千㎡）	リース資産（百万円）	その他（百万円）	帳簿価額合計（百万円）	従業員数（人）
Daiwa House Modular Europe B.V.	工場等（2ヶ所）	戸建住宅	13,972	978	4,478	305	－	315	19,744	※3 488

※3. 各会社の従業員数を記載しております。

(注) 1. 投下資本は有形固定資産の帳簿価額によっており，建設仮勘定は含んでおりません。
　　 2. 面積欄の（外数）数字は賃借分です。
　　 3. 本社・支社・支店の数値には，出張所，展示場及び寮・社宅等の福利厚生施設を含んでおります。

2. 設備の内容について主なものは次のとおりです。 ················

① 提出会社

設備の内容	セグメントの名称	事業所名	所在地	帳簿価額 （百万円）
本社・支社・支店	戸建住宅 賃貸住宅 マンション 商業施設 事業施設 環境エネルギー その他	大和ハウス大阪ビル	大阪府大阪市	13,404
		大和ハウス東京ビル	東京都千代田区	27,875
		大和ハウス名古屋ビル	愛知県名古屋市	14,858
		みらい価値共創センター	奈良県奈良市	13,194
工場	戸建住宅 賃貸住宅 商業施設 事業施設	奈良工場	奈良県奈良市	21,984
		竜ヶ崎工場	茨城県龍ヶ崎市	14,465
		三重工場	三重県三重郡 菰野町	12,548
		栃木二宮工場	栃木県真岡市	8,692
		岡山工場	岡山県赤磐市	6,856
研究開発施設	戸建住宅 賃貸住宅 マンション 商業施設 事業施設 環境エネルギー その他	総合技術研究所	奈良県奈良市	3,177

② 国内子会社

会社名	設備の内容	セグメントの名称	事業所名	所在地	帳簿価額 （百万円）
㈱デザインアーク	工場	戸建住宅	三重工場	三重県三重郡 菰野町	1,201
大和リース㈱	工場・物流倉庫	商業施設	滋賀水口デポ	滋賀県甲賀市	1,369
大和ハウスリアル ティマネジメント ㈱	都市型ホテル 施設	商業施設	ダイワロイネット ホテル有明	東京都江東区	4,244
ロイヤルホーム センター㈱	ホームセンター	商業施設	ロイヤルホーム センター千葉北	千葉県千葉市	2,531
			ロイヤルホーム センター奈良	奈良県奈良市	2,485
大和物流㈱	物流センター	事業施設	東大阪物流センター	大阪府東大阪市	3,312
			金沢白山物流センター	石川県白山市	3,209
			久御山Ⅱ物流センター	京都府久世郡 久御山町	3,133
大和リゾート㈱	リゾートホテル 施設	その他	Royal Hotel 沖縄残波岬	沖縄県中頭郡 読谷村	3,999
			THE HAMANAKO	静岡県浜松市	3,723
			THE KASHIHARA	奈良県橿原市	2,054

3. 主要な設備には貸与中のものを含んでおり，主なものは次のとおりです。······

① 提出会社

設備の内容	セグメントの名称	数量	帳簿価額 （百万円）
賃貸用集合住宅等	賃貸住宅	3ヶ所	24,225
賃貸用商業施設	商業施設	12ヶ所	87,712
賃貸用事業施設	事業施設	27ヶ所	110,130

② 国内子会社

会社名	設備の内容	セグメントの 名称	数量	帳簿価額 （百万円）
大和リビング㈱	賃貸用集合住宅等	賃貸住宅	433ヶ所	21,061
大和リース㈱	賃貸用商業施設	商業施設	602ヶ所	173,768
	リース用車両運搬具	商業施設	11,508台	11,785
	リース用仮設建物	商業施設	798千㎡	3,473
大和ハウスリアルティ マネジメント㈱	賃貸用商業施設	商業施設	1,223ヶ所	92,519
大和物流㈱	賃貸用物流倉庫	事業施設	15ヶ所	6,485

4. 上記の他，賃借及びリース設備について主なものは次のとおりです。·········

① 提出会社

設備の内容	セグメントの名称	数量	年間賃借料 又はリース料 （百万円）
賃貸用商業施設	商業施設	1ヶ所	2,150

② 国内子会社

会社名	設備の内容	セグメントの 名称	数量（㎡）	年間賃借料 又はリース料 （百万円）
大和ハウスリアルティ マネジメント㈱	賃貸用商業施設	商業施設	4,770,968	82,381

3 設備の新設，除却等の計画

（1）　重要な設備の新設等 ··

① 　提出会社

当連結会計年度後１年間の重要な設備の新設等の計画は次のとおりです。

事業所 （所在地）	セグメントの 名称	設備の内容	投資予定金額 総額 （百万円）	資金調達方法
賃貸用資産	賃貸住宅 商業施設 事業施設	物流センター等賃貸用資産の取得及び建設	205,000	自己資金、 社債発行資金 及び借入金
各支社・支店	戸建住宅 賃貸住宅 マンション 商業施設 事業施設 環境エネルギー その他	自社事務所の新設及び改修	5,100	自己資金、 社債発行資金 及び借入金
各工場	戸建住宅 賃貸住宅 商業施設 事業施設	工場施設の改修、生産設備の更新及び環境対応	4,000	自己資金、 社債発行資金 及び借入金

② 　国内子会社

重要な設備の新設等の計画はありません。

（2）　重要な設備の除却等 ··

重要な設備の除却等の計画はありません。

提出会社の状況

1 株式等の状況

(1) 株式の総数等 ......

① 株式の総数

種類	発行可能株式総数（株）
普通株式	1,900,000,000
計	1,900,000,000

② 発行済株式

種類	事業年度末現在発行数（株） （2023年3月31日）	提出日現在発行数（株） （2023年6月29日）	上場金融商品取引所名 又は登録認可金融商品 取引業協会名	内容
普通株式	666,290,951	659,290,951	東京証券取引所 プライム市場	単元株式数 100株
計	666,290,951	659,290,951	－	－

■ 経理の状況

1. 連結財務諸表及び財務諸表の作成方法について ·······························

(1)　当社の連結財務諸表は、「連結財務諸表の用語，様式及び作成方法に関する規則」（昭和51年大蔵省令第28号）に準拠して作成し、「建設業法施行規則」（昭和24年建設省令第14号）に準じて記載しております。

(2) 当社の財務諸表は、「財務諸表等の用語，様式及び作成方法に関する規則」（昭和38年大蔵省令第59号）第2条に基づき，同規則及び「建設業法施行規則」（昭和24年建設省令第14号）により作成しております。

2. 監査証明について ·······························

当社は，金融商品取引法第193条の2第1項の規定に基づき，連結会計年度（2022年4月1日から2023年3月31日まで）の連結財務諸表及び第83期事業年度（2022年4月1日から2023年3月31日まで）の財務諸表について，EY新日本有限責任監査法人により監査を受けております。

3. 特段の取組みについて ·······························

当社は，連結財務諸表等の適正性を確保するための特段の取組みを行っております。具体的には，会計基準等の内容を適切に把握し，会計基準等の変更等について的確に対応することができる体制を整備するために，公益財団法人財務会計基準機構へ加入し，同機構の行う「有価証券報告書の作成要領」に関するセミナー等に参加しております。

1　連結財務諸表等

(1)　連結財務諸表 ···

①　連結貸借対照表

（単位：百万円）

	前連結会計年度 （2022年3月31日）		当連結会計年度 （2023年3月31日）	
資産の部				
流動資産				
現金預金	※1,※4	337,632	※1,※4	358,086
受取手形・完成工事未収入金等	※4,※5	407,430	※4,※5	454,341
リース債権及びリース投資資産		89,875		98,809
不動産事業貸付金	※4	28,473	※4	15,771
有価証券	※3,※7,※8	7,568	※1,※3,※8	3,570
未成工事支出金		48,516		49,993
販売用不動産	※4,※7	1,068,011	※4,※7	1,511,236
仕掛販売用不動産	※4,※7	407,869	※4,※7	487,162
造成用土地		3,288		2,348
商品及び製品		17,904		20,341
仕掛品		9,073		10,859
材料貯蔵品		7,746		9,735
その他	※2,※4	277,601	※2,※4	232,876
貸倒引当金		△18,195		△3,145
流動資産合計		2,692,794		3,251,988
固定資産				
有形固定資産				
建物及び構築物		1,302,750		1,410,373
減価償却累計額		△558,140		△591,582
建物及び構築物（純額）	※4,※7	744,610	※4,※7	818,791
機械装置及び運搬具		160,254		166,189
減価償却累計額		△99,058		△106,115
機械装置及び運搬具（純額）		61,196	※4,※7	60,074
工具、器具及び備品		79,847		86,869
減価償却累計額		△59,773		△64,903
工具、器具及び備品（純額）	※7	20,074	※7	21,966
土地	※4,※7,※11	878,851	※4,※7	916,871
リース資産		105,714		105,361
減価償却累計額		△23,721		△29,318
リース資産（純額）		81,993		76,042
建設仮勘定	※7	174,780	※4,※7	128,381
その他		9,733		14,951
減価償却累計額		△2,174		△3,449
その他（純額）		7,559		11,502
有形固定資産合計		1,969,066		2,033,629
無形固定資産				
のれん		93,895		94,467
その他	※7	77,022	※7	99,126
無形固定資産合計		170,917		193,594

	前連結会計年度 （2022年3月31日）		当連結会計年度 （2023年3月31日）	
投資その他の資産				
投資有価証券	※1,※2,※3,※7,※8	228,794	※2,※3,※8	218,834
長期貸付金	※2	2,255	※2	4,560
敷金及び保証金		251,053		256,582
繰延税金資産		159,203		141,265
その他	※1,※8	49,282	※1,※8	43,124
貸倒引当金		△1,705		△1,510
投資その他の資産合計		688,884		662,855
固定資産合計		2,828,868		2,890,079
資産合計		5,521,662		6,142,067

	前連結会計年度 （2022年3月31日）	当連結会計年度 （2023年3月31日）
負債の部		
流動負債		
支払手形・工事未払金等	355,936	380,004
短期借入金	※4 151,421	※4 133,028
1年内償還予定の社債	25,000	50,000
1年内返済予定の長期借入金	※4 79,589	※4 159,044
リース債務	8,810	8,074
未払金	121,051	125,732
未払法人税等	69,170	57,254
前受金	※6 199,824	※6 142,950
未成工事受入金	※6 137,977	※6 183,273
賞与引当金	56,759	60,728
完成工事補償引当金	7,680	7,460
資産除去債務	3,140	4,130
その他	※4 228,229	※4 215,166
流動負債合計	1,444,592	1,526,847
固定負債		
社債	408,000	559,000
長期借入金	※4 758,496	※4 945,507
リース債務	102,731	97,420
会員預り金	1,332	1,146
長期預り敷金保証金	※4 296,500	※4 307,593
再評価に係る繰延税金負債	※11 19,117	18,405
退職給付に係る負債	193,753	103,617
資産除去債務	55,904	58,009
その他	129,848	135,605
固定負債合計	1,965,684	2,226,305
負債合計	3,410,277	3,753,153
純資産の部		
株主資本		
資本金	161,699	161,845
資本剰余金	301,982	303,741
利益剰余金	1,486,900	1,710,582
自己株式	△29,081	△20,327
株主資本合計	1,921,500	2,155,842
その他の包括利益累計額		
その他有価証券評価差額金	64,017	54,701
繰延ヘッジ損益	△860	△118
土地再評価差額金	※11 10,642	9,277
為替換算調整勘定	24,857	64,508
その他の包括利益累計額合計	98,657	128,369
非支配株主持分	91,227	104,701
純資産合計	2,111,385	2,388,914
負債純資産合計	5,521,662	6,142,067

② 連結損益計算書及び連結包括利益計算書

連結損益計算書

（単位：百万円）

	前連結会計年度 （自 2021年4月1日 至 2022年3月31日）	当連結会計年度 （自 2022年4月1日 至 2023年3月31日）
売上高	※1　4,439,536	※1　4,908,199
売上原価	※2,※3　3,574,853	※2,※3　3,953,004
売上総利益	864,682	955,194
販売費及び一般管理費		
販売手数料	23,551	21,512
広告宣伝費	25,820	27,132
販売促進費	5,702	5,180
貸倒引当金繰入額	3,984	2,176
役員報酬	4,124	4,398
従業員給料手当	186,936	197,060
賞与引当金入額	33,745	36,191
退職給付費用	※3　△4,246	※3　△29,410
法定福利費	27,508	29,415
事務用品費	19,721	26,303
通信交通費	16,942	19,762
地代家賃	19,689	20,265
減価償却費	12,881	16,931
租税公課	39,187	39,068
その他	65,876	73,837
販売費及び一般管理費合計	※4　481,425	※4　489,824
営業利益	383,256	465,370
営業外収益		
受取利息	2,901	2,390
受取配当金	4,431	5,146
持分法による投資利益	―	844
受取保険金	2,277	1,836
雑収入	16,653	10,839
営業外収益合計	26,263	21,058
営業外費用		
支払利息	13,033	18,836
貸倒引当金繰入額	1,635	849
持分法による投資損失	6,810	―
雑支出	11,793	10,730
営業外費用合計	33,273	30,416
経常利益	376,246	456,012
特別利益		
固定資産売却益	※5　2,167	※5　3,935
投資有価証券売却益	1,635	1,662
関係会社株式売却益	―	301
関係会社出資金売却益	―	3,651
段階取得に係る差益	3,907	―
持分変動利益	788	476
新型コロナウイルス感染症による助成金収入	※10　379	―
新株予約権戻入益	10	―
特別利益合計	8,888	10,027

（単位：百万円）

	前連結会計年度 （自 2021年4月1日 至 2022年3月31日）	当連結会計年度 （自 2022年4月1日 至 2023年3月31日）
特別損失		
固定資産売却損	※6 466	※6 223
固定資産除却損	1,383	3,879
減損損失	※7 24,147	※7 11,271
投資有価証券売却損	880	218
投資有価証券評価損	174	498
関係会社株式売却損	763	4,066
関係会社出資金売却損	593	194
テナント退店関連費用	-	※8 5,191
セカンドキャリア支援に基づく退職特別加算金	※9 2,207	-
新型コロナウイルス感染症による損失	※11 1,208	-
その他	8	0
特別損失合計	31,834	25,543
税金等調整前当期純利益	353,300	440,496
法人税、住民税及び事業税	123,917	96,806
法人税等調整額	423	28,012
法人税等合計	124,341	124,819
当期純利益	228,958	315,677
非支配株主に帰属する当期純利益	3,686	7,277
親会社株主に帰属する当期純利益	225,272	308,399

連結包括利益計算書

（単位：百万円）

	前連結会計年度 （自 2021年4月1日 至 2022年3月31日）	当連結会計年度 （自 2022年4月1日 至 2023年3月31日）
当期純利益	228,958	315,677
その他の包括利益		
その他有価証券評価差額金	4,631	△9,317
繰延ヘッジ損益	△870	742
土地再評価差額金	15	6
為替換算調整勘定	34,163	50,068
持分法適用会社に対する持分相当額	2,249	△4,434
その他の包括利益合計	※ 40,190	※ 37,065
包括利益	269,148	352,742
（内訳）		
親会社株主に係る包括利益	261,565	339,484
非支配株主に係る包括利益	7,583	13,258

③ 連結株主資本等変動計算書

前連結会計年度（自　2021年4月1日　至　2022年3月31日）

（単位：百万円）

	株主資本				
	資本金	資本剰余金	利益剰余金	自己株式	株主資本合計
当期首残高	161,699	304,595	1,339,558	△33,019	1,772,834
会計方針の変更による累積的影響額	－	－	1,311	－	1,311
会計方針の変更を反映した当期首残高	161,699	304,595	1,340,870	△33,019	1,774,146
当期変動額					
剰余金の配当	－	－	△79,239	－	△79,239
親会社株主に帰属する当期純利益	－	－	225,272	－	225,272
非支配株主との取引に係る親会社の持分変動	－	△3,072	－	－	△3,072
土地再評価差額金の取崩	－	－	△2	－	△2
自己株式の取得	－	－	－	△12	△12
自己株式の処分	－	458	－	3,950	4,408
株主資本以外の項目の当期変動額（純額）	－	－	－	－	－
当期変動額合計	－	△2,613	146,029	3,937	147,353
当期末残高	161,699	301,982	1,486,900	△29,081	1,921,500

	その他の包括利益累計額					新株予約権	非支配株主持分	純資産合計
	その他有価証券評価差額金	繰延ヘッジ損益	土地再評価差額金	為替換算調整勘定	その他の包括利益累計額合計			
当期首残高	59,404	10	10,624	△7,677	62,361	91	58,216	1,893,504
会計方針の変更による累積的影響額	－	－	－	－	－	－	－	1,311
会計方針の変更を反映した当期首残高	59,404	10	10,624	△7,677	62,361	91	58,216	1,894,816
当期変動額								
剰余金の配当	－	－	－	－	－	－	－	△79,239
親会社株主に帰属する当期純利益	－	－	－	－	－	－	－	225,272
非支配株主との取引に係る親会社の持分変動	－	－	－	－	－	－	－	△3,072
土地再評価差額金の取崩	－	－	－	－	－	－	－	△2
自己株式の取得	－	－	－	－	－	－	－	△12
自己株式の処分	－	－	－	－	－	－	－	4,408
株主資本以外の項目の当期変動額（純額）	4,613	△870	18	32,535	36,295	△91	33,010	69,215
当期変動額合計	4,613	△870	18	32,535	36,295	△91	33,010	216,569
当期末残高	64,017	△860	10,642	24,857	98,657	－	91,227	2,111,385

当連結会計年度（自　2022年4月1日　至　2023年3月31日）

（単位：百万円）

	株主資本				
	資本金	資本剰余金	利益剰余金	自己株式	株主資本合計
当期首残高	161,699	301,982	1,486,900	△29,081	1,921,500
当期変動額					
新株の発行	145	145	–	–	291
剰余金の配当	–	–	△86,089	–	△86,089
親会社株主に帰属する当期純利益	–	–	308,399	–	308,399
非支配株主との取引に係る親会社の持分変動	–	520	–	–	520
土地再評価差額金の取崩	–	–	1,371	–	1,371
自己株式の取得	–	–	–	△10	△10
自己株式の処分	–	0	–	189	189
自己株式の消却	–	△104	–	104	–
株式交換による変動	–	1,197	–	8,471	9,669
株主資本以外の項目の当期変動額（純額）	–	–	–	–	–
当期変動額合計	145	1,759	223,682	8,754	234,342
当期末残高	161,845	303,741	1,710,582	△20,327	2,155,842

	その他の包括利益累計額					非支配株主持分	純資産合計
	その他有価証券評価差額金	繰延ヘッジ損益	土地再評価差額金	為替換算調整勘定	その他の包括利益累計額合計		
当期首残高	64,017	△860	10,642	24,857	98,657	91,227	2,111,385
当期変動額							
新株の発行	–	–	–	–	–	–	291
剰余金の配当	–	–	–	–	–	–	△86,089
親会社株主に帰属する当期純利益	–	–	–	–	–	–	308,399
非支配株主との取引に係る親会社の持分変動	–	–	–	–	–	–	520
土地再評価差額金の取崩	–	–	–	–	–	–	1,371
自己株式の取得	–	–	–	–	–	–	△10
自己株式の処分	–	–	–	–	–	–	189
自己株式の消却	–	–	–	–	–	–	–
株式交換による変動	–	–	–	–	–	–	9,669
株主資本以外の項目の当期変動額（純額）	△9,315	742	△1,364	39,650	29,712	13,474	43,186
当期変動額合計	△9,315	742	△1,364	39,650	29,712	13,474	277,528
当期末残高	54,701	△118	9,277	64,508	128,369	104,701	2,388,914

④ 連結キャッシュ・フロー計算書

（単位：百万円）

	前連結会計年度 （自 2021年4月1日 至 2022年3月31日）	当連結会計年度 （自 2022年4月1日 至 2023年3月31日）
営業活動によるキャッシュ・フロー		
税金等調整前当期純利益	353,300	440,496
減価償却費	100,328	113,464
退職給付に係る負債の増減額（△は減少）	△52,308	△90,260
受取利息及び受取配当金	△7,332	△7,537
支払利息	13,033	18,836
持分法による投資損益（△は益）	6,810	△844
固定資産除売却損益（△は益）	△316	167
減損損失	24,147	11,271
投資有価証券評価損益（△は益）	174	498
売上債権の増減額（△は増加）	13,988	△43,375
棚卸資産の増減額（△は増加）	△228,299	△230,373
前受金の増減額（△は減少）	△3,609	△61,274
未成工事受入金の増減額（△は減少）	22,999	44,637
仕入債務の増減額（△は減少）	59,472	19,370
その他	148,572	134,875
小計	450,962	349,951
利息及び配当金の受取額	9,496	10,718
利息の支払額	△11,884	△16,625
法人税等の支払額	△112,138	△113,745
営業活動によるキャッシュ・フロー	336,436	230,298
投資活動によるキャッシュ・フロー		
有形及び無形固定資産の取得による支出	△410,981	△486,516
有形固定資産の売却による収入	14,673	7,894
投資有価証券の取得による支出	△13,064	△11,845
投資有価証券の売却及び償還による収入	8,010	14,743
連結の範囲の変更を伴う子会社株式等の取得による支出	※2 △53,118	△17,230
連結の範囲の変更を伴う子会社株式等の売却による支出	△98	△2,313
事業譲受による支出	△12,213	－
敷金及び保証金の回収による収入	26,039	22,432
敷金及び保証金の差入による支出	△22,810	△24,190
その他	△3,860	△8,156
投資活動によるキャッシュ・フロー	△467,423	△505,181

	前連結会計年度 （自 2021年4月1日 至 2022年3月31日）	当連結会計年度 （自 2022年4月1日 至 2023年3月31日）
財務活動によるキャッシュ・フロー		
短期借入金の純増減額（△は減少）	19,012	△23,372
長期借入れによる収入	181,281	433,846
長期借入金の返済による支出	△115,838	△201,940
社債の発行による収入	50,000	201,000
社債の償還による支出	△40,000	△25,000
ファイナンス・リース債務の返済による支出	△9,763	△8,350
非支配株主からの払込みによる収入	26,508	1,858
自己株式の取得による支出	△12	△10
自己株式の売却による収入	4,328	189
配当金の支払額	△79,239	△86,089
非支配株主への配当金の支払額	△5,381	△7,028
連結の範囲の変更を伴わない子会社株式等の取得による支出	△7,876	△2,939
その他	1,407	5,289
財務活動によるキャッシュ・フロー	24,427	287,452
現金及び現金同等物に係る換算差額	16,283	5,809
現金及び現金同等物の増減額（△は減少）	△90,276	18,379
現金及び現金同等物の期首残高	416,321	326,250
新規連結に伴う現金及び現金同等物の増加額	205	1,524
現金及び現金同等物の期末残高	※1 326,250	※1 346,154

【注記事項】

（連結財務諸表作成のための基本となる重要な事項）

1. 連結の範囲に関する事項 ‥‥‥‥‥‥‥‥‥‥‥‥‥‥‥‥‥‥‥‥‥‥‥

(1) 子会社432社を連結しております。

また，当連結会計年度中に株式取得等により33社増加，合併等により22社が減少しております。

主要な子会社名は「第1 企業の概況4 関係会社の状況」に記載しております。

(2) 他の会社等の議決権の過半数を自己の計算において所有しているにもかかわらず子会社としなかった当該他の会社等の名称

大阪城パークマネジメント（株）

（子会社としなかった理由）

当社は，当該他の会社の議決権の過半数を自己の計算において所有しておりますが，重要な財務及び営業の方針の決定について，共同支配企業の同意

が必要であることから，子会社としておりません。

2. 持分法の適用に関する事項 ··

（1） 持分法適用の関連会社は54社です。

（主要な会社等の名称）

　日本住宅ローン（株）

なお，当連結会計年度中に4社増加し，7社減少しております。

（2） 持分法を適用していない関連会社の名称等

（主要な会社等の名称）

　甲府パブリックサービス（株）

（持分法を適用しない理由）

　　持分法を適用していない関連会社は，当期純損益（持分に見合う額）及び利益剰余金（持分に見合う額）等からみて，持分法の対象から除いても連結財務諸表に及ぼす影響が軽微であり，かつ，全体としても重要性がないため持分法の適用範囲から除外しております。

3. 連結子会社の事業年度等に関する事項 ··························

　連結子会社のうち，アセット・ツー特定目的会社ほか1社の決算日は4月30日，ディエイチ・ディベロップメント・ファイブ特定目的会社の決算日は5月31日，国立府中特定目的会社ほか6社の決算日は6月30日，ディエイチ・アセット・ワン特定目的会社ほか9社の決算日は7月31日，武蔵小杉特定目的会社ほか1社の決算日は8月31日，茨木松下開発特定目的会社ほか6社の決算日は10月31日，大和ハウス・ツインシティ大神特定目的会社の決算日は11月30日，大和事務処理中心（大連）有限公司ほか276社の決算日は12月31日，ディエイチ・プロパティ・ワン合同会社ほか22社の決算日は1月31日，株式会社アッカ・インターナショナルほか9社の決算日は2月28日となっております。

　連結財務諸表の作成に当たり，国立府中特定目的会社ほか8社については12月31日現在で実施した本決算に準じた仮決算に基づく財務諸表を使用しております。ディエイチ・アセット・ワン特定目的会社ほか18社については，1月31

日現在で実施した本決算に準じた仮決算に基づく財務諸表を使用しております。武蔵小杉特定目的会社ほか３社については，２月28日現在で実施した本決算に準じた仮決算に基づく財務諸表を使用しております。また，その他の会社については連結子会社の決算日現在の財務諸表を使用しております。

　ただし，同決算日から連結決算日３月31日までの期間に発生した重要な取引については連結上必要な調整を行っております。

4．会計方針に関する事項 ………………………………………………………

（1）　重要な資産の評価基準及び評価方法 ………………………………………

① 有価証券

　ア．満期保有目的の債券

　　　償却原価法

　イ．その他有価証券

　　　市場価格のない株式等以外のもの

　　　　時価法（評価差額は全部純資産直入法により処理し，売却原価は移動平均法により算定）

　　　市場価格のない株式等

　　　　移動平均法による原価法

② デリバティブ

　　時価法

③ 棚卸資産

　　評価基準は原価法（貸借対照表価額については収益性の低下に基づく簿価切下げの方法）によっております。

　ア．未成工事支出金

　　　個別法

　イ．販売用不動産（仕掛販売用不動産，造成用土地を含む）

　　　個別法（ただし自社造成の宅地は団地別総平均法）

　ウ．商品及び製品

　　　主として売価還元法

エ．仕掛品

　個別法

オ．材料貯蔵品

　総平均法

(2)　重要な減価償却資産の減価償却の方法 ･･･････････････････････････････････

① 　有形固定資産（リース資産を除く）

　主として定率法

　ただし，1998年4月1日以降に取得した建物（建物附属設備を除く）並びに2016年4月1日以降に取得した建物附属設備及び構築物については，定額法を採用しております。

② 　無形固定資産（リース資産を除く）

　定額法

③ 　リース資産

　所有権移転外ファイナンス・リース取引に係るリース資産

　リース期間を耐用年数とし，残存価額を零とする定額法を採用しております。

　なお，所有権移転外ファイナンス・リース取引のうち，リース取引開始日が2008年3月31日以前のリース取引については，通常の賃貸借取引に係る方法に準じた会計処理によっております。

(3)　重要な引当金の計上基準 ･･･

① 　貸倒引当金

　営業債権，貸付金等の貸倒れによる損失に備えるため，一般債権については，貸倒実績率により，貸倒懸念債権等特定の債権については個別に回収可能性を検討し，回収不能見込額を計上しております。

② 　賞与引当金

　従業員等の賞与の支給に備えるため，支給見込額に基づき計上しております。

③ 　完成工事補償引当金

　製品の瑕疵担保責任に基づく補償費に備えるため，過去の完成工事に係る補償

費の実績を基準にして計上しております。

（4） 退職給付に係る会計処理の方法 ·······························

① 退職給付見込額の期間帰属方法

　退職給付債務の算定に当たり，退職給付見込額を当連結会計年度末までの期間に帰属させる方法については，給付算定式基準によっております。

② 数理計算上の差異及び過去勤務費用の費用処理方法

　数理計算上の差異及び過去勤務費用は，発生した連結会計年度に一括処理しております。

（5） 重要な収益及び費用の計上基準 ·······························

① 顧客との契約から生じる収益

　当社グループの顧客との契約から生じる収益に関する主要な事業における主な履行義務の内容，及び当該履行義務を充足する通常の時点（収益を認識する通常の時点）は以下のとおりです。

　ア．注文請負取引

　　注文請負取引については，顧客と戸建住宅，賃貸住宅，商業施設，事業施設等の工事請負契約を締結し当該契約に基づき，建築工事を行う履行義務を負っております。当該契約については，一定の期間にわたり履行義務が充足されると判断し，履行義務の充足に係る進捗度に基づき収益を認識しております。

　　進捗度の見積りの方法は，コストに基づくインプット法（工事原価総額に対する発生原価の割合）を使用しております。

　　なお，進捗度を合理的に見積ることができないが，当該履行義務を充足する際に発生する費用を回収することが見込まれる工事契約については，履行義務の充足に係る進捗度を合理的に見積ることができる時点まで，原価回収基準により収益を認識しております。

　イ．不動産分譲取引

　　不動産分譲取引については，顧客との不動産売買契約に基づき，自社で開発，又は仕入れた物件（分譲住宅，分譲賃貸住宅，分譲マンション，商業施設，事

業施設等）を顧客に引渡しを行う履行義務を負っております。不動産分譲取引については，顧客へ物件を引渡した時点で収益を認識しております。

② ファイナンス・リース取引に係る収益の計上基準

リース料受取時に売上高と売上原価を計上する方法によっております。

(6) 重要なヘッジ会計の方法 ……………………………………………

① ヘッジ会計の方法

繰延ヘッジ処理を採用しております。なお，金利スワップについて特例処理の条件を充たしている場合には特例処理を，通貨スワップ及び為替予約について振当処理の要件を充たしている場合には振当処理を採用しております。

② ヘッジ手段とヘッジ対象

ヘッジ手段・・・金利スワップ，通貨スワップ及び為替予約等

ヘッジ対象・・・借入金，外貨建予定取引等

③ ヘッジ方針

金利リスク及び為替変動リスクの低減並びに金融収支改善のため，ヘッジを行っております。

④ ヘッジ有効性評価の方法

ヘッジ開始時から有効性判定時点までの期間において，ヘッジ対象とヘッジ手段の相場変動の累計を比較し，両者の変動額等を基礎にして判断しております。

なお，特例処理の要件を充たしている場合には，有効性の評価を省略しております。

（「LIBORを参照する金融商品に関するヘッジ会計の取扱い」を適用しているヘッジ関係）

上記のヘッジ関係のうち，「LIBORを参照する金融商品に関するヘッジ会計の取扱い」（実務対応報告第40号2022年3月17日）の適用範囲に含まれるヘッジ関係のすべてに，当該実務対応報告に定められる特例的な取扱いを適用しております。当該実務対応報告を適用しているヘッジ関係の内容は，以下のとおりです。

ヘッジ会計の方法・・・金利スワップの特例処理

ヘッジ手段・・・金利スワップ

ヘッジ対象・・・外貨建借入金

ヘッジ取引の種類・・・キャッシュ・フローを固定するもの

(7) のれんの償却方法及び償却期間 ………………………………………

のれんは，その効果が発現する期間を見積り，20年以内の合理的な期間の定額法により償却しておりますが，金額に重要性がないものについては発生年度に一括して償却しております。

(8) 連結キャッシュ・フロー計算書における資金の範囲 ………………………

手許現金，随時引き出し可能な預金及び容易に換金可能であり，かつ，価値の変動について僅少なリスクしか負わない取得日から3ヶ月以内に償還期限の到来する短期投資からなっております。

(9) その他連結財務諸表作成のための重要な事項 ……………………………

消費税等の会計処理

控除対象外消費税及び地方消費税については，主として期間費用として処理しております。

（重要な会計上の見積り）

1．工事契約にかかる一定の期間にわたり履行義務を充足し認識する収益

(1) 当連結会計年度の連結財務諸表に計上した金額

	前連結会計年度 （自　2021年4月1日 至　2022年3月31日)	当連結会計年度 （自　2022年4月1日 至　2023年3月31日)
工事契約にかかる一定の期間にわたり履行義務を充足し収益を認識する方法により計上した売上高	1,908,959 百万円	1,927,012 百万円

(2) 識別した項目に係る重要な会計上の見積りの内容に関する情報

① 算出方法

当社グループは，工事契約にかかる売上高について，履行義務を充足するにつれて，一定の期間にわたり収益を認識する方法にて算出しております。履行義務

の充足に係る進捗度の見積りの方法は，コストに基づくインプット法（工事原価総額に対する発生原価の割合）を使用しております。

② 主要な仮定

工事原価総額の算出に用いた主要な仮定は，施工計画に基づいた建設資材の数量，労務の工数，調達単価などであり，算出にあたっては，施工内容・状況等の個別要因及び経済状況，事業環境等の外的要因に基づき，見積りを行っております。

③ 翌連結会計年度の連結財務諸表に与える影響

工事の進行途上において，施工の遅延，材料費や建築費の変動等将来の不確実な要因により工事原価総額の見直しが必要となった場合，履行義務の充足に係る進捗度が変動することにより，翌連結会計年度の連結財務諸表において認識する収益の金額に影響を与える可能性があります。

2. 販売用不動産（仕掛販売用不動産，造成用土地を含む）の評価

(1) 当連結会計年度の連結財務諸表に計上した金額

	前連結会計年度 （自　2021年4月1日 至　2022年3月31日）	当連結会計年度 （自　2022年4月1日 至　2023年3月31日）
販売用不動産等残高	1,479,169 百万円	2,000,748 百万円
評価損計上額（売上原価）	8,027	3,575

(2) 識別した項目に係る重要な会計上の見積りの内容に関する情報

① 算出方法

当社グループは，棚卸資産の評価に関する会計基準に従い，販売用不動産に係る収益性の低下等により期末における正味売却価額が取得原価よりも下落している場合には，当該正味売却価額をもって貸借対照表価額としております。正味売却価額は，用地取得時，工事着工時，販売開始時に策定される事業計画に基づく販売価格及び工事原価等に基づいて算出しております。また，事業の進捗及び販売状況に応じて正味売却価額の見直しを行っております。なお，一部の資産については，不動産鑑定士による鑑定評価に基づいて，正味売却価格を算出しております。

② 主要な仮定

正味売却価額の算出に用いた主要な仮定は，販売価格及び工事原価であり，算出にあたっては，過去の販売実績，将来の売買市場の動向，近隣地域の需給バランス，鋼材等の材料費及び労務費等建設コストの動向等を考慮した最新の事業計画に基づき見積りを行っております。また，販売目的で保有する収益不動産の事業計画策定にあたっては，上記にあわせ周辺の賃料相場，リーシング（テナント募集）状況等も考慮しております。

　なお，新型コロナウイルス感染症拡大による今後の売買市場への影響は軽微であるとの仮定に基づき，見積りを行っております。

③　翌連結会計年度の連結財務諸表に与える影響

　市況の変化，事業の進捗や販売の状況に応じて，正味売却価額が帳簿価額を下回った場合に追加で評価損を計上する可能性があります。

3．固定資産の評価

(1)　当連結会計年度の連結財務諸表に計上した金額

	前連結会計年度 （自　2021年4月1日 至　2022年3月31日）	当連結会計年度 （自　2022年4月1日 至　2023年3月31日）
有形固定資産及び無形固定資産残高	2,139,984 百万円	2,227,223 百万円
減損損失計上額	24,147	11,271

(2)　識別した項目に係る重要な会計上の見積りの内容に関する情報

①　算出方法

　当社グループが保有する有形固定資産は，減損が生じている可能性を示す事象（減損の兆候）がある資産又は資産グループについて，当該資産又は資産グループから得られる割引前将来キャッシュ・フローの総額がこれらの帳簿価額を下回る場合には，帳簿価額を回収可能価額まで減額し，当該減少額を減損損失として計上しております。

　回収可能価額には正味売却価額と使用価値のいずれか高い方を用いており，使用価値については，将来キャッシュ・フローを現在価値に割り引いて算出しております。なお，正味売却価額は主に不動産鑑定士による鑑定評価に基づいて，算出しております。

②　主要な仮定

将来キャッシュ・フローの算出に用いた主要な仮定は，事業収入及び事業費用であり，特に賃貸等不動産に係る将来キャッシュ・フローの算出にあたっては市場の賃料水準（物件の立地，規模，周辺の賃貸取引事例，マーケット見通し，過去の実績等を参考）及び対応する費用，稼働率，割引率等に基づき見積りを行っております。

なお，新型コロナウイルス感染症拡大による影響のある物件については，今後の影響は軽微であるものとして仮定に反映しております。

③　翌連結会計年度の連結財務諸表に与える影響

事業環境等の変化が主要な仮定に影響し割引前将来キャッシュ・フローの総額が帳簿価額を下回る場合には，連結財務諸表において追加の減損損失が発生する可能性があります。

4．退職給付債務及び関連する費用の算定

（1）　前連結会計年度及び当連結会計年度に認識した金額

	前連結会計年度 （2022年3月31日）	当連結会計年度 （2023年3月31日）
退職給付債務残高	679,608 百万円	619,254 百万円

（2）　識別した項目に係る重要な会計上の見積りの内容に関する情報

①　算出方法

当社グループには，確定給付制度を採用している会社が存在しております。確定給付制度の退職給付債務及び関連する勤務費用は，数理計算上の仮定を用いて退職給付見込額を見積り，割り引くことにより算定しております。

②　主要な仮定

主要な仮定には，割引率，昇給率，退職率等の数理計算上の仮定が該当いたします。

③　翌連結会計年度の連結財務諸表に与える影響

当該見積りについて，将来の不確実な経済条件の変動等により見直しが必要となった場合，連結財務諸表において認識する退職給付に係る負債及び退職給付費用の金額に重要な影響を与える可能性があります。

※　当社グループは数理計算上の差異及び過去勤務費用の費用処理方法について，発生した連結会計年度に一括処理しております。

退職給付債務の算定において，主要な仮定の変化が退職給付債務に与える感応度は以下のとおりです。マイナス（△）は退職給付債務の減少を，プラスは退職給付債務の増加を表しております。感応度分析は分析の対象となる割引率以外のすべての数理計算上の仮定が一定であることを前提としております。

退職給付債務に与える影響

数理計算上の仮定の変化	前連結会計年度 （2022年3月31日）	当連結会計年度 （2023年3月31日）
割引率 0.5%の上昇	△57,791 百万円	△49,432 百万円
割引率 0.5%の低下	66,522	56,454

なお，退職給付債務の算定に用いた主要な数理計算上の仮定は，「第5 経理の状況1 連結財務諸表等(1) 連結財務諸表注記事項（退職給付関係）(6) 数理計算上の計算基礎に関する事項」に記載のとおりです。

（会計方針の変更）

（「時価の算定に関する会計基準の適用指針」の適用）

「時価の算定に関する会計基準の適用指針」（企業会計基準適用指針第31号 2021年6月17日。以下「時価算定会計基準適用指針」という。）を当連結会計年度の期首から適用し，時価算定会計基準適用指針第27－2項に定める経過的な取扱いに従って，時価算定会計基準適用指針が定める新たな会計方針を将来にわたって適用することとしております。これにより，市場価格のない株式等として取得原価をもって連結貸借対照表価額としていた一部の投資信託について，時価をもって連結貸借対照表価額とすることに変更しております。

なお，「金融商品関係」注記の金融商品の時価のレベルごとの内訳等に関する事項における投資信託に関する注記事項においては，時価算定会計基準適用指針第27－3項に従って，前連結会計年度に係るものについては記載しておりません。

（ASC第842号「リース」の適用）

米国会計基準を適用している在外子会社において，ASC第842号「リース」（以下「ASC第842号」という。）を当連結会計年度より適用しております。ASC第842号の適用により，借手のリースは原則としてすべてのリースについて連結貸

借対照表に資産及び負債として計上しております。ASC第842号の適用にあたっては，経過措置として認められているASC第842号の適用による累積的影響を適用開始日に認識する方法を採用しております。

　なお，当連結会計年度において，連結財務諸表に与える影響は軽微です。

（未適用の会計基準等）
「法人税，住民税及び事業税等に関する会計基準」等
・「法人税，住民税及び事業税等に関する会計基準」（企業会計基準第27号
　2022年10月28日）
・「包括利益の表示に関する会計基準」（企業会計基準第25号2022年10月
　28日）
・「税効果会計に係る会計基準の適用指針」（企業会計基準適用指針第28号
　2022年10月28日）
（1）　概要
　　その他の包括利益に対して課税される場合の法人税等の計上区分及びグループ法人税制が適用される場合の子会社株式等の売却に係る税効果の取り扱いが定められました。
（2）　適用予定日
　　2025年3月期の期首より適用予定です。
（3）　当該会計基準等の適用による影響
　　「法人税，住民税及び事業税等に関する会計基準」等の適用による連結財務諸表に与える影響額については，現時点で評価中です。

（表示方法の変更）
（連結損益計算書）
　前連結会計年度において，独立掲記しておりました「営業外収益」の「補助金等収入」は，金額的重要性が乏しくなったため，当連結会計年度において「営業外収益」の「雑収入」に含めて表示しております。この表示方法の変更を反映させるため，前連結会計年度の連結財務諸表の組替えを行っております。

この結果，前連結会計年度の連結損益計算書において，「営業外収益」の「補助金等収入」に表示していた3,041百万円は，「雑収入」16,653百万円に含めて表示しております。

2 財務諸表等

（1） 財務諸表 ···

① 貸借対照表

（単位：百万円）

	前事業年度 （2022年3月31日）		当事業年度 （2023年3月31日）	
資産の部				
流動資産				
現金預金	※1	22,597	※1	64,967
受取手形・完成工事未収入金等		138,958		110,116
リース投資資産		2,541		2,365
有価証券	※3,※5	5,533	※3	1,305
1年内償還予定の関係会社社債		102,533		118,567
未成工事支出金		36,319		37,490
販売用不動産	※5	628,470	※5	803,653
仕掛販売用不動産	※5	65,473	※5	113,757
造成用土地		611		576
仕掛品		5,260		5,539
材料貯蔵品		2,979		3,142
前払費用		20,035		16,316
関係会社短期貸付金		93,204		111,675
その他		51,684		28,494
貸倒引当金		△14,699		△1,416
流動資産合計		1,161,504		1,416,551
固定資産				
有形固定資産				
建物		348,770		345,627
減価償却累計額		△152,419		△159,461
建物（純額）	※5	196,351	※5	186,165
構築物		34,790		33,026
減価償却累計額		△23,302		△22,663
構築物（純額）	※5	11,487	※5	10,362
機械及び装置		64,847		58,240
減価償却累計額		△49,822		△48,272
機械及び装置（純額）		15,024		9,968
車両運搬具		159		184
減価償却累計額		△150		△161
車両運搬具（純額）		8		22
工具器具・備品		23,819		23,570
減価償却累計額		△19,557		△19,809
工具器具・備品（純額）	※5	4,262	※5	3,760
土地	※5	449,639	※5	436,176
リース資産		11,815		8,792
減価償却累計額		△6,656		△5,653
リース資産（純額）		5,158		3,139
建設仮勘定	※5	23,021		33,337
有形固定資産合計		704,954		682,933

	前事業年度 （2022年3月31日）	当事業年度 （2023年3月31日）
無形固定資産		
借地権	2,959	3,292
商標権	52	48
ソフトウエア	25,104	28,287
その他	3,182	3,618
無形固定資産合計	31,299	35,248
投資その他の資産		
投資有価証券	※2,※3 181,713	※2,※3 169,160
関係会社株式	※4 614,152	※4 653,298
関係会社社債	313,465	378,911
その他の関係会社有価証券	77,853	118,699
関係会社出資金	87,364	75,808
長期貸付金	188	156
関係会社長期貸付金	200,224	259,715
敷金	19,497	19,319
差入保証金	7,921	8,050
破産更生債権等	254	103
長期未収入金	801	13,245
長期前払費用	3,217	2,897
繰延税金資産	68,429	53,232
その他	930	1,281
貸倒引当金	△9,324	△11,977
投資その他の資産合計	1,566,690	1,741,903
固定資産合計	2,302,944	2,460,084
資産合計	3,464,449	3,876,635
負債の部		
流動負債		
工事未払金等	119,616	126,008
短期借入金	1,979	10,722
1年内償還予定の社債	25,000	50,000
1年内返済予定の長期借入金	33,567	87,264
リース債務	2,761	1,922
未払金	60,997	60,411
未払費用	12,439	13,601
未払法人税等	37,619	19,182
前受金	22,740	44,250
未成工事受入金	102,504	140,995
預り金	32,343	12,089
関係会社預り金	261,937	270,004
賞与引当金	28,739	31,295
完成工事補償引当金	4,876	4,625
資産除去債務	1,194	1,427
その他	56,062	31,422
流動負債合計	804,378	905,224

	前事業年度 （2022年3月31日）	当事業年度 （2023年3月31日）
固定負債		
社債	408,000	558,000
長期借入金	474,174	587,556
リース債務	4,734	3,233
長期預り金	35,594	40,367
関係会社長期預り金	2,291	2,955
再評価に係る繰延税金負債	17,011	16,324
退職給付引当金	132,067	68,465
資産除去債務	4,839	4,301
その他	20,730	12,742
固定負債合計	1,099,443	1,293,947
負債合計	1,903,822	2,199,171
純資産の部		
株主資本		
資本金	161,699	161,845
資本剰余金		
資本準備金	296,958	297,104
その他資本剰余金	515	1,608
資本剰余金合計	297,473	298,713
利益剰余金		
利益準備金	17,690	17,690
その他利益剰余金		
配当準備積立金	29,000	29,000
圧縮記帳積立金	1,778	1,750
別途積立金	227,400	227,400
繰越利益剰余金	783,603	904,176
利益剰余金合計	1,059,472	1,180,017
自己株式	△29,081	△20,327
株主資本合計	1,489,564	1,620,249
評価・換算差額等		
その他有価証券評価差額金	62,609	51,249
繰延ヘッジ損益	△882	△2,037
土地再評価差額金	9,335	8,002
評価・換算差額等合計	71,062	57,214
純資産合計	1,560,626	1,677,463
負債純資産合計	3,464,449	3,876,635

② 損益計算書

（単位：百万円）

	前事業年度 （自 2021年4月1日 至 2022年3月31日）	当事業年度 （自 2022年4月1日 至 2023年3月31日）
売上高		
完成工事高	1,230,254	1,145,560
不動産事業売上高	692,278	772,203
その他の売上高	53,633	88,302
売上高合計	1,976,165	2,006,066
売上原価		
完成工事原価	947,382	894,847
不動産事業売上原価	518,943	577,303
その他の原価	52,864	87,964
売上原価合計	※1　1,519,190	※1　1,560,115
売上総利益		
完成工事総利益	282,872	250,713
不動産事業総利益	173,334	194,899
その他の売上総利益	768	338
売上総利益合計	456,975	445,950
販売費及び一般管理費		
販売手数料	22,982	21,415
広告宣伝費	20,251	19,833
販売促進費	5,452	4,921
貸倒損失	15	233
役員報酬	684	764
株式報酬費用	76	219
従業員給料手当	69,821	73,553
賞与引当金繰入額	15,200	16,503
退職給付費用	※1　△5,778	※1　△21,409
法定福利費	11,154	11,972
福利厚生費	5,618	5,715
業務委託費	1,839	2,338
修繕維持費	1,370	1,370
事務用品費	9,048	14,186
通信交通費	7,026	8,104
動力用水光熱費	848	1,170
調査研究費	879	1,022
交際費	772	1,103
寄付金	74	182
地代家賃	6,178	6,241
減価償却費	3,672	3,733
租税公課	20,654	22,704
保険料	491	490
雑費	17,981	17,946
販売費及び一般管理費合計	216,317	214,319
営業利益	240,657	231,631

	前事業年度 （自 2021年4月1日 至 2022年3月31日）	当事業年度 （自 2022年4月1日 至 2023年3月31日）
営業外収益		
受取利息	1,704	2,215
受取配当金	※2　29,423	※2　38,686
雑収入	6,340	5,454
営業外収益合計	37,468	46,355
営業外費用		
支払利息	2,013	3,082
社債利息	1,706	2,169
貸倒引当金繰入額	10,840	3,495
関係会社支援損	2,688	2,167
雑支出	6,007	5,375
営業外費用合計	23,256	16,291
経常利益	254,870	261,696
特別利益		
固定資産売却益	※3　240	※3　2,647
投資有価証券売却益	1,491	1,629
関係会社出資金売却益	146	1,365
関係会社清算益	0	8
新株予約権戻入益	10	－
特別利益合計	1,889	5,650
特別損失		
固定資産売却損	※4　28	※4　14
固定資産除却損	※5　323	※5　294
減損損失	12,382	3,288
投資有価証券売却損	－	217
投資有価証券評価損	169	－
関係会社株式売却損	913	－
関係会社株式評価損	3,928	5,006
関係会社出資金評価損	2,376	－
関係会社清算損	2	111
セカンドキャリア支援に基づく退職特別加算金	2,207	－
特別損失合計	22,331	8,934
税引前当期純利益	234,427	258,412
法人税、住民税及び事業税	64,200	33,090
法人税等調整額	4,846	20,029
法人税等合計	69,046	53,119
当期純利益	165,381	205,293

（イ）　完成工事原価報告書

区分	注記番号	前事業年度 （自　2021年4月1日 至　2022年3月31日） 金額（百万円）	構成比（%）	当事業年度 （自　2022年4月1日 至　2023年3月31日） 金額（百万円）	構成比（%）
Ⅰ　材料費		206,042	21.7	206,935	23.1
Ⅱ　外注費		609,848	64.4	580,725	64.9
Ⅲ　経費		131,490	13.9	107,186	12.0
（うち人件費）		(81,565)	(8.6)	(69,685)	(7.8)
計		947,382	100.0	894,847	100.0

(注) 人件費は発生額を記載しております。

（ロ）　不動産事業売上原価報告書

区分	注記番号	前事業年度 （自　2021年4月1日 至　2022年3月31日） 金額（百万円）	構成比（%）	当事業年度 （自　2022年4月1日 至　2023年3月31日） 金額（百万円）	構成比（%）
Ⅰ　土地購入費		257,786	49.7	286,746	49.7
Ⅱ　土地造成費		14,039	2.7	13,712	2.4
Ⅲ　材料費		70,207	13.5	80,860	14.0
Ⅳ　外注費		117,795	22.7	133,485	23.1
Ⅴ　経費		59,114	11.4	62,498	10.8
（うち人件費）		(9,755)	(1.9)	(10,872)	(1.9)
計		518,943	100.0	577,303	100.0

(注) 人件費は発生額を記載しております。

（ハ） その他売上原価報告書

区分	注記番号	前事業年度 （自 2021年4月1日 至 2022年3月31日）		当事業年度 （自 2022年4月1日 至 2023年3月31日）	
		金額（百万円）	構成比（%）	金額（百万円）	構成比（%）
I　商品原価		46,438	87.8	77,359	87.9
III　経費		6,426	12.2	10,605	12.1
計		52,864	100.0	87,964	100.0

（注）1．原価計算の方法

　　（1）　完成工事原価

　　　　個別原価計算により計算しております。

　　　　当社では現場作業の簡略化のため，できるだけ自社工場で加工し，部材の形をもって現場へ搬入するため，原価は工場（工場原価）と現場（工事原価）の双方で把握しております。また，見込生産品は予め工場で部材を加工保有し，受注に対処しておりますが，部材の各工事への供給価額は予定額によっているため，実際額との差額は原価差異として集計し決算期に調整しております。原価差異は期末において完成工事原価及び未成工事支出金，仕掛品等に配賦し，損益計算書の完成工事原価及び貸借対照表の未成工事支出金，仕掛品等として処理しております。

　　　　なお，現場施工を外注に依存しておりますが，当社工場で加工する部材についてもすべて外注加工によっているため，労務費の発生はありません。

　　（2）　不動産事業売上原価

　　　　分譲土地は，区画別の個別原価計算により計算しております。ただし，自社造成の宅地については一団地単位の実際原価（造成費用については，一部見積計算による）を総平均法により計算しております。

　　　　分譲建物については，個別原価計算により計算しております。

　　2．その他売上原価報告書の商品原価には電力小売事業にかかる原価が含まれております。

③ 株主資本等変動計算書

前事業年度（自 2021年4月1日 至 2022年3月31日）

（単位：百万円）

	株主資本										
	資本金	資本剰余金				利益剰余金					
		資本準備金	その他資本剰余金	資本剰余金合計	利益準備金	その他利益剰余金					利益剰余金合計
						配当準備積立金	圧縮記帳積立金	別途積立金	繰越利益剰余金		
当期首残高	161,699	296,958	56	297,015	17,690	29,000	1,807	227,400	696,464		972,362
会計方針の変更による累積的影響額	－	－	－	－	－	－	－	－	995		995
会計方針の変更を反映した当期首残高	161,699	296,958	56	297,015	17,690	29,000	1,807	227,400	697,460		973,357
当期変動額											
圧縮記帳積立金の取崩	－	－	－	－	－	－	△28		28		－
剰余金の配当	－	－	－	－	－	－	－	－	△79,239		△79,239
当期純利益	－	－	－	－	－	－	－	－	165,381		165,381
土地再評価差額金の取崩	－	－	－	－	－	－	－	－	△27		△27
自己株式の取得	－	－	－	－	－	－	－	－	－		－
自己株式の処分	－	－	458	458	－	－	－	－	－		－
株主資本以外の項目の当期変動額（純額）	－	－	－	－	－	－	－	－	－		－
当期変動額合計	－	－	458	458	－	－	△28	－	86,143		86,114
当期末残高	161,699	296,958	515	297,473	17,690	29,000	1,778	227,400	783,603		1,059,472

	株主資本		評価・換算差額等				新株予約権	純資産合計
	自己株式	株主資本合計	その他有価証券評価差額金	繰延ヘッジ損益	土地再評価差額金	評価・換算差額等合計		
当期首残高	△33,019	1,398,057	58,506	511	9,293	68,310	91	1,466,459
会計方針の変更による累積的影響額	－	995	－	－	－	－	－	995
会計方針の変更を反映した当期首残高	△33,019	1,399,053	58,506	511	9,293	68,310	91	1,467,455
当期変動額								
圧縮記帳積立金の取崩	－	－	－	－	－	－	－	－
剰余金の配当	－	△79,239	－	－	－	－	－	△79,239
当期純利益	－	165,381	－	－	－	－	－	165,381
土地再評価差額金の取崩	－	△27	－	－	－	－	－	△27
自己株式の取得	△12	△12	－	－	－	－	－	△12
自己株式の処分	3,950	4,408	－	－	－	－	－	4,408
株主資本以外の項目の当期変動額（純額）	－	－	4,102	△1,393	42	2,752	△91	2,660
当期変動額合計	3,937	90,510	4,102	△1,393	42	2,752	△91	93,171
当期末残高	△29,081	1,489,564	62,609	△882	9,335	71,062	－	1,560,626

当事業年度（自　2022年4月1日　至　2023年3月31日）

（単位：百万円）

	株主資本									
	資本金	資本剰余金			利益剰余金					
		資本準備金	その他資本剰余金	資本剰余金合計	利益準備金	その他利益剰余金				利益剰余金合計
						配当準備積立金	圧縮記帳積立金	別途積立金	繰越利益剰余金	
当期首残高	161,699	296,958	515	297,473	17,690	29,000	1,778	227,400	783,603	1,059,472
当期変動額										
新株の発行	145	145	–	145	–	–	–	–	–	–
圧縮記帳積立金の取崩	–	–	–	–	–	–	△28	–	28	–
剰余金の配当	–	–	–	–	–	–	–	–	△86,089	△86,089
当期純利益	–	–	–	–	–	–	–	–	205,293	205,293
土地再評価差額金の取崩	–	–	–	–	–	–	–	–	1,340	1,340
自己株式の取得	–	–	–	–	–	–	–	–	–	–
自己株式の処分	–	–	0	0	–	–	–	–	–	–
自己株式の消却	–	–	△104	△104	–	–	–	–	–	–
株式交換による変動	–	–	1,197	1,197	–	–	–	–	–	–
株主資本以外の項目の当期変動額（純額）	–	–	–	–	–	–	–	–	–	–
当期変動額合計	145	145	1,093	1,239	–	–	△28	–	120,573	120,545
当期末残高	161,845	297,104	1,608	298,713	17,690	29,000	1,750	227,400	904,176	1,180,017

| | 株主資本 | | 評価・換算差額等 | | | | 純資産合計 |
	自己株式	株主資本合計	その他有価証券評価差額金	繰延ヘッジ損益	土地再評価差額金	評価・換算差額等合計	
当期首残高	△29,081	1,489,564	62,609	△882	9,335	71,062	1,560,626
当期変動額							
新株の発行	–	291	–	–	–	–	291
圧縮記帳積立金の取崩	–	–	–	–	–	–	–
剰余金の配当	–	△86,089	–	–	–	–	△86,089
当期純利益	–	205,293	–	–	–	–	205,293
土地再評価差額金の取崩	–	1,340	–	–	–	–	1,340
自己株式の取得	△10	△10	–	–	–	–	△10
自己株式の処分	189	189	–	–	–	–	189
自己株式の消却	104	–	–	–	–	–	–
株式交換による変動	8,471	9,669	–	–	–	–	9,669
株主資本以外の項目の当期変動額（純額）	–	–	△11,359	△1,155	△1,333	△13,847	△13,847
当期変動額合計	8,754	130,684	△11,359	△1,155	△1,333	△13,847	116,837
当期末残高	△20,327	1,620,249	51,249	△2,037	8,002	57,214	1,677,463

【注記事項】

（重要な会計方針）

1. 有価証券の評価基準及び評価方法 ‥‥‥‥‥‥‥‥‥‥‥‥‥‥‥‥‥‥‥‥‥

（1） 満期保有目的債券 ‥‥‥‥‥‥‥‥‥‥‥‥‥‥‥‥‥‥‥‥‥‥‥‥‥‥‥

償却原価法

（2） 子会社株式及び関連会社株式 ‥‥‥‥‥‥‥‥‥‥‥‥‥‥‥‥‥‥‥‥‥

移動平均法に基づく原価法

（3） その他有価証券 ‥‥‥‥‥‥‥‥‥‥‥‥‥‥‥‥‥‥‥‥‥‥‥‥‥‥‥

市場価格のない株式等以外のもの

時価法（評価差額は全部純資産直入法により処理し，売却原価は移動平均法
により算定）時価のないもの

市場価格のない株式等

移動平均法に基づく原価法

2. デリバティブ等の評価基準及び評価方法 ‥‥‥‥‥‥‥‥‥‥‥‥‥‥‥‥‥

デリバティブ

時価法

3. 棚卸資産の評価基準及び評価方法 ‥‥‥‥‥‥‥‥‥‥‥‥‥‥‥‥‥‥‥‥

評価基準は原価法（貸借対照表価額については収益性の低下に基づく簿価切下
げの方法）によっております。

（1） 未成工事支出金 ‥‥‥‥‥‥‥‥‥‥‥‥‥‥‥‥‥‥‥‥‥‥‥‥‥‥‥

個別法

（2） 販売用不動産（仕掛販売用不動産，造成用土地を含む）‥‥‥‥‥‥‥‥‥

個別法（但し，自社造成の宅地は団地別総平均法）

（3） 仕掛品 ‥‥‥‥‥‥‥‥‥‥‥‥‥‥‥‥‥‥‥‥‥‥‥‥‥‥‥‥‥‥‥

個別法

（4） 材料貯蔵品 ‥‥‥‥‥‥‥‥‥‥‥‥‥‥‥‥‥‥‥‥‥‥‥‥‥‥‥‥‥

総平均法

4．固定資産の減価償却の方法 ・・・

（1）　有形固定資産（リース資産を除く） ・・・・・・・・・・・・・・・・・・・・・・・・・・・・・・・・・・・・・・

主として定率法

ただし，1998年4月1日以降に取得した建物（建物附属設備を除く）並びに
2016年4月1日以降に取得した建物附属設備及び構築物については，定額法
を採用しております。

（2）　無形固定資産（リース資産を除く） ・・・・・・・・・・・・・・・・・・・・・・・・・・・・・・・・・・・・・・

定額法

なお，自社利用のソフトウエアについては，社内における利用可能期間（5年）
に基づく定額法を採用しております。

（3）　リース資産 ・・

所有権移転外ファイナンス・リース取引に係るリース資産

リース期間を耐用年数として，残存価額を零とする定額法を採用しております。

なお，リース取引開始日が2008年3月31日以前の所有権移転外ファイナンス・
リース取引については，通常の賃貸借取引に係る方法に準じた会計処理によって
おります。

5．引当金の計上基準 ・・・

（1）　貸倒引当金 ・・・

営業債権，貸付金等の貸倒れによる損失に備えるため，一般債権については貸
倒実績率により，貸倒懸念債権及び破産債権，更生債権等については財務内容
評価法により回収不能見込額を計上しております。

（2）　賞与引当金 ・・・

従業員等の賞与の支給に備えるため，支給見込額に基づき計上しております。

（3）　完成工事補償引当金 ・・

当社製品の瑕疵担保責任に基づく補償費に備えるため，過去の完成工事に係る
補償費の実績を基準にして計上しております。

（4）　退職給付引当金 ・・・

従業員の退職給付に備えるため，当事業年度末における退職給付債務及び年金

資産の見込額に基づき計上しております。

① 退職給付見込額の期間帰属方法

退職給付債務の算定にあたり，退職給付見込額を当事業年度末までの期間に帰属させる方法については，給付算定式基準によっております。

② 数理計算上の差異及び過去勤務費用の費用処理方法

数理計算上の差異及び過去勤務費用は，発生した事業年度に一括処理しております。

6. 収益及び費用の計上基準 ··

（1） 顧客との契約から生じる収益 ························

当社の顧客との契約から生じる収益に関する主要な事業における主な履行義務の内容及び当該履行義務を充足する通常の時点（収益を認識する通常の時点）は以下のとおりです。

① 注文請負取引

注文請負取引については，顧客と戸建住宅，賃貸住宅，商業施設，事業施設等の工事請負契約を締結し当該契約に基づき，建築工事を行う履行義務を負っております。当該契約については，一定の期間にわたり履行義務が充足されると判断し，履行義務の充足に係る進捗度に基づき収益を認識しております。進捗度の見積りの方法は，コストに基づくインプット法（工事原価総額に対する発生原価の割合）を使用しております。

なお，進捗度を合理的に見積ることができないが，当該履行義務を充足する際に発生する費用を回収することが見込まれる工事契約については，履行義務の充足に係る進捗度を合理的に見積ることができる時点まで，原価回収基準により収益を認識しております。

② 不動産分譲取引

不動産分譲取引については，顧客との不動産売買契約に基づき，自社で開発，又は仕入れた物件（分譲住宅，分譲賃貸住宅，分譲マンション，商業施設，事業施設等）を顧客に引渡しを行う履行義務を負っております。不動産分譲取引については，顧客へ物件を引渡した時点で収益を認識しております。

（2）　ファイナンス・リース取引に係る収益の計上基準 ……………………………
　リース料受取時に売上高と売上原価を計上する方法によっております。

7．ヘッジ会計の方法 ……………………………………………………………

（1）　ヘッジ会計の方法 ……………………………………………………………
　繰延ヘッジ処理を採用しております。なお，金利スワップについて特例処理の
条件を充たしている場合には特例処理を，通貨スワップ及び為替予約について振
当処理の要件を充たしている場合には振当処理を採用しております。

（2）　ヘッジ手段とヘッジ対象 ……………………………………………………
　　ヘッジ手段・・・金利スワップ，通貨スワップ及び為替予約等
　　ヘッジ対象・・・借入金，外貨建予定取引等

（3）　ヘッジ方針
　金利リスク及び為替変動リスクの低減並びに金融収支改善のため，ヘッジを
行っております。

（4）　ヘッジ有効性評価の方法 …………………………………………………
　ヘッジ開始時から有効性判定時点までの期間において，ヘッジ対象とヘッジ手
段の相場変動の累計を比較し，両者の変動額等を基礎にして判断しております。
　なお，特例処理の要件を充たしている場合には，有効性の評価を省略しており
ます。

（「LIBORを参照する金融商品に関するヘッジ会計の取扱い」を適用しているヘッ
　ジ関係）
　上記のヘッジ関係のうち，「LIBORを参照する金融商品に関するヘッジ会計の
取扱い」（実務対応報告第40号2022年3月17日）の適用範囲に含まれるヘッジ
関係のすべてに，当該実務対応報告に定められる特例的な取扱いを適用しており
ます。当該実務対応報告を適用しているヘッジ関係の内容は，以下のとおりです。
　　ヘッジ会計の方法・・・繰延ヘッジ処理
　　ヘッジ手段・・・金利スワップ
　　ヘッジ対象・・・外貨建借入金

ヘッジ取引の種類・・・キャッシュ・フローを固定するもの

8. その他財務諸表作成のための基本となる重要な事項 ·························

　　控除対象外消費税等の会計処理

　　控除対象外消費税及び地方消費税については，期間費用として処理しております。

第2章

建設・不動産業界の "今" を知ろう

企業の募集情報は手に入れた。しかし，それだけでは
まだ不十分。企業単位ではなく，業界全体を俯瞰する
視点は，面接などでもよく問われる重要ポイントだ。
この章では直近1年間の建設・不動産業界を象徴する
重大ニュースをまとめるとともに，今後の展望につい
て言及している。また，章末には建設・不動産業界に
おける有名企業（一部抜粋）のリストも記載してあるの
で，今後の就職活動の参考にしてほしい。

▶▶夢のあるまちづくり・住まいづくり

建設・不動産 業界の動向

> 建設・不動産は「建物」に関する業界で，「建設」「戸建て」「マンション」「住宅設備・機器」「建材」「リフォーム」「不動産」「不動産管理」などに大別される。

❖ 建設業界の動向

　ゼネコン（総合建設会社）が請け負う工事は，道路や橋，ダムなどインフラにかかわる「土木」と，ビルや住宅を造る「建築」に分類される。大林組・鹿島・清水建設・大成建設・竹中工務店の大手五社は，単体での売上げが1兆円を超える規模から「スーパーゼネコン」と呼ばれる。

　災害復興や東京五輪，大型再開発が追い風となり，近年の建設業界は好調が続いていた。東京五輪や都市部の再開発，リニア新幹線，大阪万博と大規模需要が見込まれていたが，コロナ禍によりこうした好調の動きは終わりを迎えた。

　コロナ禍がひと段落し，首都圏の再開発案件や物流施設の新設など，建設需要自体は高まっているが，受注競争が熾烈になり，加えて資材高も業界を圧迫。担い手不足や高齢化も業界全体が抱える課題となっている。

●働き方改革と生産性の向上が課題に

　建設業界にとって，大きな課題は職人の高齢化および人手不足である。2022年度，建設現場で働く技能労働者は約305万人（日本建設業連合会調べ）で，近い将来には300万人を割り込む可能性が指摘されている。過酷な労働イメージから若者離れが進んだことが原因である。そこで日建連は，2025年までに新規入職者90万人の確保と，技術革新による35万人分の省人化を目標として掲げている。現場の働き方改革も必須で，業界では，社会保障を含む待遇の改善，就業時間短縮，週休2日制の定着といった動きが広がり始めた。

それと同時に，ロボットや人工知能（AI），情報通信技術（ICT）を活用した重機の導入，工事工程の効率化など，質的改善を含めた生産性向上への取り組みにも，業界をあげて力を注いでいる。2016年4月，国土交通省は土木工事にICT（情報通信技術）を活用する基準「アイ・コンストラクション（建設生産性革命）」の導入を表明し，重機メーカーもICT対応製品・サービスの開発を進めたため，環境も整備されてきている。たとえば，コマツは，掘削から整地までのブレード操作を自動化したブルドーザや掘削時に設定された設計面に達すると自動停止するショベルなどを商品化している。また，DOXEL社からは，ドローン，3Dレーザースキャナを搭載したロボットにより自動で工事現場の点群データを集積・解析。その結果をBIMデータと照らし合わせることで，現場の進捗状況を報告してくれる商品が出ている。

❖ 不動産業界の動向

　ビル賃貸やマンション分譲，商業施設の開発・運営などを幅広く手掛けるディベロッパーには，三井不動産，三菱地所，住友不動産，東急不動産ホールディングスの大手4社，森ビル，野村不動産ホールディングス，東京建物などが名を連ねる。これらのディベロッパーは，超低金利を背景とした融資環境の後押しもあり，近年は旺盛な投資意欲を見せている。

　国が容積率などを緩和する国家戦略特区（都市再生特別地区）を都心の主要な地域に指定しているため，指定地区では大規模なオフィスビル・複合ビルの建設が相次いでいる。2017年4月，三菱地所は総額1兆円を投じて，東京駅の北側で大規模開発をスタートさせた。この事業の中心は，高さ日本一となる超高層ビルで，2027年度の完成を目指している。また，同駅の八重洲地区では，三井不動産と東京建物が，それぞれ再開発を進めており，渋谷駅では東急不動産が参画した「渋谷ストリーム」が開業。2019年11月には渋谷エリアでは最も高い地上47階建ての「渋谷スクランブルスクエア」が開業した。森ビルは2014年に開業した「虎ノ門ヒルズ」の隣接地区に，3つの高層ビルを中心とした大規模プロジェクトを計画中で，これには地下鉄日比谷線の新駅も含まれる。

　不動産業界において，新型コロナウイルスの影響は軽微だったと見られている。テレワークの普及によりオフィスの解約や縮小の動きが進んだ一方

で，不動産大手が持つ都心の大型ビルの需要は底堅かった。また，不動産の売買も活発であり，海外投資家を中心に物流施設や賃貸住宅が積極的に取得された。

●新しい働き方にどのように対応していくか

　ビル賃貸事業は，新型コロナウイルスの影響により好調な状況にストップがかかった。オフィスビル空室率は，5％を下回ると賃料に上昇傾向が見られるが，東京都心5区（千代田，中央，港，新宿，渋谷）の空室率は，2023年6月で6.48％となっている。空室率のピークは一時期に比べて緩やかになってきており，一時はテレワーク中心の体制にしたものの、オフィスが足りなくなり再び契約するという動きもある。

　変化の著しいオフィス需要だが，長期的にみれば，少子化による労働人口の減少も想定されるため，多くのディベロッパーは新しい事業にも着手している。eコマース（電子商取引）や省人化投資に伴って需要が高まった大型／大型マルチテナント型物流施設には，三菱地所，三井不動産，野村不動産などの大手や大和ハウスなどハウスメーカー系も積極的に参入している。また，海外展開も盛んで，三井不動産は2021年に，商業施設「ららぽーと」を上海に開業。次いで2022年にマレーシアと台湾でも開業した。台湾では2026年をめどに3施設目も開業予定だ。すでにマレーシアで開業しているアウトレットパークのインドネシア，フィリピン，タイへの展開も検討している。また，ニューヨークで開発中だったオフィスビルが完成。同地区のもう1棟を合わせた投資額は5500億円となっている。ニューヨークでは，東急不動産も複合ビルの再開発事業に参画。三菱地所はバブル期に買収した米ロックフェラーグループを通じて既存の大型オフィスビルを大規模改修し，賃料アップを狙っている。

❖ 戸建て業界の動向

　戸建て住宅には，客の注文に応じて建てる注文住宅や設計・施工後に販売する分譲住宅がある。大手10社でもシェアは3割程度と，地域密着の工務店もがんばっている。

　2022年度の新設住宅着工戸数は前年比0.6％減の86万828戸，そのうち戸建て数は7.5％減の39万7556戸であった。注文住宅は木材や鋼材などの

価格高騰により建築コストが上昇した影響を受けた形となる。テレワークの普及により，広さを求めて賃貸マンションから戸建て住宅に移る動きもひと段落し，オフィス回帰の動きが進んだことも一因と考えられる。

●ゼネコンとの連携，異業種からの参入も始まる

　ゼネコンの受注許容量が逼迫していることを受け，これまでゼネコンが手掛けていた案件を住宅メーカーが請けるチャンスも増えている。こういった流れのなか，ゼネコンとの資本提携やゼネコンを買収するメーカーも出ている。大和ハウスは準大手ゼネコンのフジタを100％子会社にし，マンションのコスモスイニシアへの出資も行っている。積水ハウスは，鴻池組の親会社鳳ホールディングスへ，旭化成ホームズは森組にそれぞれ出資している。住友林業と熊谷組は相互に出資を実施するなど，相互の関係を深めつつ，ゼネコンの守備範囲に食い込んでいる。

　また，近年は業界内の再編も進んでいる。トヨタホームは約110億円を投じて，ミサワホームを子会社化した。2017年10月には，パナソニックがパナホームを完全子会社化し，家電から住宅部材まで手がける幅広い商品力で，他社との差別化を図る。2018年には，ヤマダ電機がヤマダ・エスバイエルホームを完全子会社化するなど，住宅業界以外企業による買収も行われている。

❖ マンション業界の動向

　不動産経済研究所によれば，2022年における全国の新築マンション発売戸数は，前年比5.9％減の7万2967戸と前年を下回った。平均価格は5121万円で，こちらは6年連続で最高値を更新した。これは，地価と建築費の高騰が要因となっている。首都圏の平均価格は7700万円を突破。価格高騰にもかかわらず堅調な販売を見せている。都内では大型の再開発が進み，マンション用地の確保に高い費用がかかことから価格下落に転じる気配は薄いと見られる。また，工事現場の職人も不足しており，建設コストの上昇がそのまま値段に転嫁，反映される状況が続いている。そのため，購入希望者の一部は戸建て物件や中古物件に流れており，新築マンションの売れ行きが悪化している。そこで，マンション業界各社は，仲介事業や中古物件の販売など，ストックビジネスに力を注ぐ方針を示している。また，新

型コロナウイルスの影響により，リモートワークの普及に伴う住宅ニーズの変化も起きてきている。今後のトレンドの変化にいかに上手く迎合していくかが課題となっている。

●タワーマンションの増加で，インフラ整備に課題も

　近年は，共働きや高齢者の世帯が増え，住宅購入に際して，立地条件の利便性がとくに重視されるようになった。そのため，駅直結や徒歩5分以内で低層階に商業施設の入った，一体開発型のマンションは増加傾向にある。都内の有明や豊洲といった湾岸地区や千葉県の津田沼，相互乗り入れで多くの路線が使えるようになった武蔵小杉で，新たなタワーマンションの建設が進んでいる。

　しかし，高層階ほど安全性や耐久性に疑問が残ること，修繕費の高さと戸数の多さなどから大規模修繕が難しいことなど，課題も残っている。また，急速な人口の流入で，小学校が不足したり，通勤通学時に駅のホームが大混雑するなど，地域のインフラ整備の課題も浮き彫りになってきている。現に2019年10月に上陸した台風19号により，武蔵小杉のタワーマンションは大きな被害を受け，その模様は全国的なニュースとして報道された。

建設・不動産業界

直近の業界各社の関連ニュースを
ななめ読みしておこう。

万博の建設費、大阪府・市の負担は最大780億円に

2025年国際博覧会（大阪・関西万博）の会場建設費が従来計画から最大500億円上振れることになった。増額は20年以来2度目で、大阪府と大阪市の負担額は約780億円と当初計画から360億円ほど膨らむ見通し。追加の公費負担にはより丁寧な説明責任が求められる。

会場建設費は運営主体・日本国際博覧会協会（万博協会）が発注するメイン会場や大催事場などの整備に充てられる。資材高や人件費の高騰を背景に各工事の契約金額が当初予定を上回る事例が相次ぎ、全体の建設費は最大2350億円と500億円上振れることになった。

建設費は政府と大阪府・市、経済界が3分の1ずつ負担する仕組みで、この原則通りならば3者の負担は最大で167億円ずつ増える。協会は来週中にも政府や府・市、経済界に追加負担を要請するとみられる。

政府は月内に決める23年度補正予算案に万博関連経費を計上する方針。府・市や経済界も受け入れる場合は追加の財源確保が今後の課題となる。

会場建設費は誘致時点で1250億円だったが、会場デザインの変更などで20年に1850億円に増額した経緯がある。大阪府議会や大阪市議会はその後、さらなる増額が発生した場合、国が対応するよう求める意見書を可決した。

今年9月にも地域政党・大阪維新の会の府議団が吉村洋文知事に対し、増額分を国に負担してもらうよう要望しており、予算措置にはまず議会側の同意が壁となる。公費負担が膨らむため住民からの反発も予想されるが、大阪市幹部は「3分の1ずつの負担割合は守らないといけない」と強調する。

経済界は企業からの寄付で建設費を賄っており、今回の増額により追加の寄付が発生する可能性がある。だが建設費とは別に、在阪企業には万博の前売り入場券の購入も求められており、ある経済界関係者は「これ以上の負担にはつい

ていけない」とこぼす。

関西の経済界では、1970年大阪万博の収益金を基につくられた基金の一部を取り崩し、増額分に充てる案も浮上しているが、内部に反対論もあり実現するかは見通せない。

大阪・関西万博を巡っては、海外パビリオンの建設遅れも課題となっている。自前で施設を用意する「タイプA」から万博協会が用意する建物に複数の国が入る「タイプC」に移行する出展国が計2カ国となったことも判明した。これまで欧州のスロベニアが移行することが明らかになっていた。

協会はタイプAの出展国に対し、日本側がゼネコンとの交渉や発注を担う「タイプX」を提案し、9カ国が関心を寄せているという。海外パビリオンは「万博の華」ともいわれ、協会は引き続き参加国に準備の加速を求める。

（2023年10月7日　日本経済新聞）

建設業の賃金、低すぎなら行政指導　24年問題で国交省

国土交通省は建設業の賃金のもとになる労務費の目安を設ける。とび職や鉄筋工などを念頭に職種ごとに標準的な水準を示す。ゼネコンなどが下請け企業に著しく低い単価を設定している場合に国が勧告など行政指導する仕組みも検討する。建設業の賃上げを促し、人手不足の解消につなげる。建設業界では時間外労働に上限規制を適用する「2024年問題」への対応も課題となっている。

今秋にも国交省の中央建設業審議会で対策の方向性をまとめる。24年の通常国会での建設業法の改正をめざす。審議会のもとに作業部会を立ち上げ、基準の詳細をつめる。

建築現場で働く技能者の業務の種類ごとに「標準労務費」を提示する。現在、国や地方自治体が発注する公共工事は労働市場の実勢価格などを反映した労務単価を職種別、都道府県別に公表している。毎年実施する全国調査に基づいて水準を決める。

こうした仕組みを念頭に、工事の受注業者と下請け業者間など民間の受発注の基準についても定める方向だ。

基準を著しく下回る労務費の設定は禁じる。違反した場合は違反勧告の対象とする。建設業者が極端に短い工期とすることを防ぐための方策も盛り込む見通しだ。

デベロッパーといった建設の発注元となる企業は専門性の高い現場業務を工事会社などに発注することが多い。業務を請け負う技能者は日雇いが中心で、賃金水

準が低いといった課題が指摘される。

国が職種ごとに労務費の相場観を示すことで、建設業者側が技能者の労務費を削って赤字でも受注するような事態を回避する狙いもある。

建設業界では人手不足や高齢化が深刻となっている。22年時点の建設業の就業者数は479万人で、ピーク時の1997年から30%減った。時間外労働の規制を強化する「2024年問題」が人手不足に追い打ちをかける恐れもある。適正な水準に賃金を底上げし、人材を確保しやすいようにする。

（2023年8月20日　日本経済新聞）

ゼネコン8割でベア、人材確保急ぐ　残業規制が背中押す

労働力不足が慢性化している建設業界で、約8割のゼネコンが毎月の基本給を一律に引き上げるベースアップ（ベア）を2023年春の労使交渉で決めたことがわかった。大手5社も6年ぶりにベア実施で足並みをそろえた。24年から建設業界で時間外労働の上限規制が適用されることから、各社は待遇改善による人材確保を急いでいる。国が政府入札での賃上げ実施企業を22年から優遇していることも背景にある。

ゼネコン35社の労働組合が加盟する日本建設産業職員労働組合協議会（日建協）がまとめた23年春季労使交渉の中間報告で明らかになった。回答した31社のうち83%の26社がベアを決めた。

ベアの加重平均は6843円（1.58%）と前年度の3923円から大幅に引き上げた。日建協非加盟の大手4社（鹿島、大林組、大成建設、竹中工務店）でもベアを実施した。清水建設を加えた大手5社が一斉にベアを実施したのは6年ぶりだった。

31社中、26社が定期昇給とベア、4社が定昇のみ、1社が回答が未集計という。30社の引き上げ額は加重平均で2万371円（4.8%）と、前年度の1万3842円から7000円近く引き上げた。

建設業では鉄骨などの主要建材の価格が21年から22年にかけて高騰しており、ゼネコン各社の利益を圧迫する。上場する大手・準大手13社の23年3月期の連結売上高の合計は前の期比で11%増だった一方で、純利益では微減だった。手持ち工事の採算も悪化しており、赤字が見込まれる工事で計上する工事損失引当金は、13社の23年3月末時点の残高合計は22年3月比で43%増の2511億円と10年で最大だった。

業績が不透明感を増しているにもかかわらず、各社が大幅な賃上げに踏み切ったのには理由がある。ひとつは現場労働力の確保だ。24年度から働き方改革関連法に基づく時間外労働の上限規制の適用猶予が撤廃される。現在の労働力だけでは工期の遅れを招きかねない。新たな人材の確保が急がれる。

加えて建設業の構造的な人材不足もある。国土交通省によると22年度の建設業従事者（平均）は479万人と、1997年度の685万人から3割以上落ち込んだ。

一方で建設需要は旺盛だ。半導体などの設備投資や都心再開発、国土強靱（きょうじん）化に伴う大型土木工事などの施工量は潤沢だ。日本建設業連合会（東京・中央）によると、22年度の国内建設受注額は21年度比8.4％増の16兆2609億円と、過去20年で最高となった。現場の繁忙度合いが高まるなか、人材確保やつなぎ留めに向けた待遇改善は不可欠だ。

もうひとつの要因が国の賃上げ実施企業への公共工事における優遇策だ。22年4月から、公共工事に適用される総合評価入札で大企業で3％以上、中小企業で1.5％以上の賃上げを表明した業者を5〜10％程度加点する措置が敷かれている。土木が中心となる公共工事の受注に大きな影響があることから、23年度も各社で引き続き3％以上の賃上げ水準を維持している。

22年度は日建協に労組が加盟するゼネコン33社のほか、鹿島など日建協非加盟の大手ゼネコン4社でも3％以上の賃上げを実施している。

初任給についても、日建協調査では71％の22社で引き上げられ、このうち19社では会社提示によるものだった。日建協は標準ラインとして24万円台を提示するが、23年度は25万円台が最も多く14社に上ったほか、26万円台も3社あった。日建協非加盟の大手4社でも初任給を引き上げており、日建協は「各社の人材獲得の動きが如実に表れた」と分析する。またピーエス三菱は4月に、正規従業員や契約社員1219人に月給の1カ月半相当となるインフレ特別支援金を支給している。

日建協は「昨年度に引き続き、企業業績よりも政策や社会情勢によって賃上げの大きな流れが作られた」とみる。24年の春季労使交渉に向けては、日建協で策定している個別賃金を改定し、物価上昇などを反映するという。

（2023年8月2日　日本経済新聞）

日建連、原則週休2日で工期見積もり　24年問題対応で

日本建設業連合会（日建連、東京・中央）は21日、加盟するゼネコンが民間建築工事の発注者に見積もりを提出する際に、現場を週2日閉じる「4週8閉所」を原則にするよう求めた。2024年4月から時間外労働の上限規制が適用される「2024年問題」に備える。建設業界で人手不足が深刻化する中、工期がこれまでより延びる可能性もある。

発注者に最初に提出する見積もりの段階で、4週8閉所と週40時間稼働を前提とした工期設定を原則とする。発注者から完成時期を指定されて対応が難しい場合は、作業員の増員などが必要になるとして価格引き上げへの理解を求める。

公正取引委員会から独占禁止法に抵触する恐れがない旨を確認して、21日開催された理事会で決議された。同日以降の受注で会員企業の対応を求める。

働き方改革関連法に基づき、建設業の時間外労働は24年4月から原則で年360時間、労使合意があっても720時間の上限が課され、違反企業には罰則も科される。21日に日建連が発表した調査では、回答があった会員81社の非管理職のうち、時間外労働が360時間を超えた者が22年度は約6割にのぼった。

日建連は労働時間削減に向け、4週8閉所を24年度までに全現場で達成する目標を掲げる。ただ、同日発表した調査では、回答があった会員企業99社での実施率は22年度通期で42.1%どまりだった。

蓮輪賢治副会長（大林組社長）は「特に民間建築で4週8閉所が定着しておらず、人材確保の観点として危機感を抱いた」として、業界で足並みをそろえる考えを示した。日建連は鹿島や清水建設など大手から中堅までゼネコン141社が加盟する。

(2023年7月21日　日本経済新聞)

不動産ID、年内にデータベース　住宅取引や物流で活用

政府は土地や建物など不動産ごとに識別番号を割り振る「不動産ID」のデータベースを年内に整備する。まず440市区町村で運用を始める。官民が収集した物件情報や災害リスクを一元的に把握できるようにし、まちづくりや不動産

取引、物流などを効率化する。

不動産IDは2022年に導入した。17ケタの番号によって戸建てやマンション、商業ビルを部屋単位で識別できる。物件ごとに原則1つのIDを配分する。

国土交通省は登記情報を持つ法務省やデジタル庁と連携して「不動産ID確認システム（仮称）」を整え、夏ごろに運用を始める。

23年度中に任意で選んだ全国440市区町村をシステムに接続。各地方自治体が開発規制やハザードマップといった公的データをひもづけできる仕組みを検討する。

利用者はシステムに住所や地番を入力して不動産IDを取得する。このIDを使って各自治体が関連づけたデータを使う。

不動産業者が物件を査定する際、現状は建物の建築規制や電気・ガスの設備状況などを複数の窓口で確認する必要がある。これらデータを一度に入手できれば、業務の効率化や中古物件の取引などが迅速になる。

物流サービスへの活用も期待される。ドローンで大量の荷物を複数地点に配送する場合、IDをもとにした地図情報で効率が良いルートを選べるようになる。自動運転車での配送にも生かせる見通しだ。

自治体の住宅政策でも利用できる。世帯ごとの水道利用の有無などを把握し、空き家かどうかを素早く判断できる。放置空き家の管理を強化し、民間事業者の中古取引を仲介することが可能になる。

千代田区や港区といった東京都の17区のほか、札幌市、さいたま市、京都市、高松市などが当初に入る見込み。早期に1700ほどの全市区町村に広げる。

国交省は30日に業界横断の官民協議会を設置する。不動産や物流、損害保険業界などが参加する見通し。

政府は23年夏にも公的機関による社会の基本データ「ベース・レジストリ」にIDを指定する方針だ。不動産分野でマイナンバー並みの位置づけになる。

不動産IDの普及のカギを握るのが民間事業者が持つデータとの連携だ。不動産業界にはすでに物件情報を集めた「レインズ」と呼ぶシステムがある。政府は24年1月から任意でレインズにID情報を接続できるようにする。

（2023年5月30日　日本経済新聞）

ハウスコム、潜在ニーズ分析し理想物件を提案

不動産賃貸仲介のハウスコムは人工知能（AI）を活用した新たな部屋探しの提

案サービスを始めた。複数の質問の回答から顧客の嗜好を分析し、潜在的なニーズも推測した上で好みに合致しそうな候補物件を提案する。新型コロナウイルスの発生後、若い世代を中心にネットを使った検索が一段と増えており、部屋探しで新しい体験価値を提供して店舗を訪れるきっかけにもする。

サービス名は「Serendipity Living Search」。ハウスコムが蓄積した顧客情報や購買データを生かし、不動産の売買価格をAIで素早く査定するシステムを手掛けるSREホールディングスの技術と組み合わせた。ハウスコムによると、こうしたサービスは不動産業界で初めてという。

特徴はサービスの利用者と属性の近い集団の嗜好パターンをAIが分析し、様々な物件の中から好みとされる候補を提案する点だ。

利用者は専用サイトで年齢や年収のほか、自宅や勤務先の最寄り駅などの質問に回答する。AIが回答に基づき、特徴の異なる物件を10件ほど表示する。最初に表示された物件の中から自分の好みに合う物件を1つ以上選んでお気に入りに登録すると、AIが利用者の好みにより近いと思われる物件を探し、再び一覧で表示する。

従来は入居検討者が希望する条件や要望を指定し、条件を基に候補を検索することが多かった。好みの物件に出合うことがある半面、検討者によっては理想の物件を見つけるまでに条件の細かな変更を余儀なくされる。新サービスは利用者の潜在的なニーズに合致する可能性のある候補まで幅広く提案し、「予想外の発見」を提供していく。

新サービスの利用料は無料。当初は東京を中心とした首都圏を対象に対応し、主に1980〜90年代生まれのミレニアル世代の利用を見込む。サービス・イノベーション室の西山玲児係長は「デジタルトランスフォーメーション（DX）により部屋探しの方法が変化するなか、新サービスは顧客との接点になる」と説明する。

ハウスコムは部屋探しにおける新たな体験を提供することで自社の認知度を高め、ファンを増やす狙いだ。新サービスの利用を通じ、現在全国で約200ある店舗に足を運ぶきっかけ作りと期待する。サービスの精度を向上しつつ、実施するエリアの拡大を検討していくという。

不動産業界はDX化が金融業などと比べ遅れていたが、新型コロナの影響で変わり始めた。分譲マンション販売ではモデルルームに出向くことなくオンラインで内見でき、契約業務や書類の電子化が進む。野村不動産は2022年秋、メタバース（仮想空間）で住宅購入の相談ができるサービスを始めた。顧客の利便性を高めて体験価値を提供する知恵比べが強まっていきそうだ。

公共工事の労務単価5.2%引き上げ　11年連続で最高

国土交通省は14日、国や地方自治体が公共工事費の見積もりに使う労務単価を3月から全国全職種平均で前年3月比で5.2%引き上げると発表した。現行の算定方式による引き上げは11年連続で過去最高を更新した。建設・土木業界での人手不足が続いていることを受け、賃上げの動きが広がっていることを反映した。

労務単価は毎年、土木や建設などの51職種の賃金を調べて改定している。全国全職種平均の上昇幅が5%を超えたのは14年（7.1%）以来9年ぶり。労働者が受け取るべき賃金をもとに1日あたり8時間労働で換算した場合、3月からの新たな単価は2万2227円となる。

とび工や鉄筋工など主要12職種では平均で5%の引き上げとなる。斉藤鉄夫国交相は14日の閣議後の記者会見で、「技能労働者の賃金水準の上昇につながる好循環が持続できるよう、官民一体となった取り組みの一層の推進に努める」と述べた。

（2023年2月14日　日本経済新聞）

▶労働環境

職種：営業　　年齢・性別：20代後半・男性

- 21時にパソコンが強制終了するので，その後は帰りやすいです。
- ダラダラやる人はパソコンが切れた後も何かしら雑務をしています。
- アポイントがあれば休日出勤もありますが，あまりありません。
- 上司によっては休日に働くことが美学の人もいて部下が困ることも。

職種：機械関連職　　年齢・性別：30代後半・男性

- OJT研修の期間も長く，社員育成に十分力を入れていると思います。
- 上司との面談も多く，失敗しても次頑張ろう，という雰囲気です。
  社員のモチベーションアップが会社のテーマとなっています。
- 個人個人の意欲を高めるためにチーム編成で課題に取り組むことも。

職種：個人営業　　年齢・性別：20代後半・男性

- 研修制度が整っていて，新入社員研修もしっかりとしています。
- スキルアップのために定期的にセミナーや勉強会にも参加できます。
- 無料で宅建の講座を受けることができます。
- キャリア面談が定期的にあり，自分の考えを上司に伝えやすいです。

職種：個人営業　　年齢・性別：20代後半・男性

- 結果を残せばそれに見合った報酬を受け取ることができます。
- 昇進・昇給は主には成果と勤務年数に応じてされているようです。
- 現場でのコミュニケーションはとても大事だと思います。
- 人間関係を丁寧に業務に取り組めば，正当に評価されると思います。

▶福利厚生

職種：電気／電子関連職　　年齢・性別：20代後半・男性

・大手ビル管理会社の中でも福利厚生はかなり良いと感じます。
・宿泊施設が安く利用できたり，系列施設の利用特典もあります。
・部活動なんかもありますが，部署によって環境は変わるようです。研修もしっかりしていて，電気資格やビル管の講習などもあります。

職種：個人営業　　年齢・性別：20代後半・男性

・大手なだけあって福利厚生はしっかりしています。
・キャリアアップ，資格取得に対してのバックアップも抜群です。
・グループのホテルやジム等を安く使えるので，とても便利です。
・住宅購入の際は，多少割引きがあります。

職種：法人営業　　年齢・性別：20代後半・男性

・福利厚生に関してはとても恵まれていると感じました。
・家賃補助は特に手厚く，新卒で東京に赴任した時は助かりました。
・有給も比較的取りやすく感じましたが，上司や部署によるようです。
・有給の取得基準がバラバラなので統一すればいいのにと思います。

職種：不動産管理・プロパティマネジャー　　年齢・性別：20代後半・男性

・福利厚生の中でも特に住宅補助は充実していると思います。
・35歳までは賃貸だと独身で3万円，既婚で6万円の住宅補助が出ます。
・持ち家であれば年齢制限はなく3万円が一律で支給されます。
・電車通勤出来る場所に実家があっても，住宅補助は出ます。

▶仕事のやりがい

職種：法人営業　　年齢・性別：20代後半・男性

・地権者交渉はとてもやりがいを感じます。
・複数の地権者を集めて大きな用地とする交渉はとても面白いです。
・地権者一人一人の背景から，今後期待される事を読み取ります。
・地権者側の希望とこちらの希望がマッチした時は達成感があります。

職種：個人営業　　年齢・性別：20代後半・男性

・給料や福利厚生も申し分なく，働く環境は整っています。
・百億単位の仕事を手がけられるので，やりがいは十分だと思います。
・社員の意識も高いので切磋琢磨し自己の能力を向上していけます。
・内需型から，今後は海外へシフトできるかが課題だと思います。

職種：個人営業　　年齢・性別：30代後半・男性

・お客様から契約が取れた時に，やりがいを感じます。
・営業活動のやり方は自分次第なので，いろいろ方法を考えます。
・自分なりのアプローチの仕方で契約を取れた時は本当に面白いです。
・ノルマもあるので大変ではありますが，その分達成感も大きいです。

職種：個人営業　　年齢・性別：20代後半・男性

・営業で結果を出せば多くの手当がもらえるのでやりがいがあります。
・契約が増えていくと，オーナー様からの紹介も増えてきます。
・経験が増えるほど確実に仕事がしやすくなっていきます。
・何よりお客様が満足し，感謝されることに大きな喜びを感じます。

▶ブラック？ホワイト？

職種：代理店営業　　年齢・性別：20代後半・男性

・以前は残業はみなしでしたが，現在では残業代が支給されます。
・残業の申請には周りの空気を読む必要があります。
・残業代が出ている今の方が以前よりも手取りベースでは減額です。
・お客様都合のため，休日出勤もアポイントがあれば出社となります。

職種：個人営業　　年齢・性別：30代後半・男性

・とにかく数字が人格，数字さえあれば何をしても許される社風です。
・早く帰れていいのですが，最近は21時で強制的に電気が消えます。
・数字がないと会社に居づらい感じになり，辞める人は多いです。
・残っている人は家庭を顧みず働くので，離婚率も高いような気が。

職種：建設設計　　年齢・性別：20代後半・男性

・みなし残業がつきますが，実際はその3倍以上は残業をしています。
　私の在籍している支店では21時半前に帰る人はほとんどいません。
・優秀と言われる人は，休日もプランなどを練っている人が多いです。
　ほとんどプライベートは無いと思った方が無難かと。

職種：個人営業　　年齢・性別：20代後半・男性

・営業担当の苦労を理解できていない部署，担当者が多くて辛いです。
・会社の看板があるから営業は楽なはずと本気で思っている節が。
・ものづくりの会社だから技術者が大切なのは理解できますが，間接
　部門の年収より，営業部門の年収が低いのはやりきれません。

▶女性の働きやすさ

職種：電気／電子関連職　　年齢・性別：20代後半・男性

・女性の数はまだまだ少数であるため働きやすいとは言い難いです。
・男性主体の会社ですが，女性の活躍の場も年々増えてきてはいます。
・会社の決まりでセクハラ等にはかなり敏感になっています。
・管理職志望の女性は，この会社はあまり向いていないと思います。

職種：施工管理　　年齢・性別：20代前半・女性

・産休育休は上司の理解がないと厳しいですが，制度はあります。
・建設業界全体の状況としてあまり受け入れられない印象があります。
・住宅業界は男性のみならず，女性の視点も重要なのですが。
・今後はもっと上辺だけではない制度の改善が必要となるでしょう。

職種：コンサルティング営業　　年齢・性別：30代前半・男性

・現在，管理職に就いている女性の数は僅かです。
・最近は会社として積極的に女性の登用に力を入れています。
・男性が多い職場なので実績が残せれば，昇進しやすい環境かも。
・男社会なので細やかな指導を求めるのは難しいかもしれませんが。

職種：個人営業　　年齢・性別：30代後半・女性

・育児休暇制度もあり，出産後も3年間は時間短縮が適用されます。
・労働環境を向上させるため，男女同じように仕事を任されます。
・女性も営業成績によって，男性と同様のポジションが与えられます。
・女性の支店長も在籍しており，女性が差別されることはありません。

▶ 今後の展望

職種：個人営業　　年齢・性別：20代後半・男性

- ・東日本大震災以降は休みがあまり取れず毎日忙しい状況です。
- ・多くの人に信頼されているからこその仕事量だと思っています。
- ・将来に関してはまだまだ生き残れる業界だと言えるでしょう。
- ・他社よりも特化したものを提供できれば成長可能な会社です。

職種：販促企画・営業企画　　年齢・性別：20代後半・男性

- ・今後は介護分野，太陽光発電，海外展開が加速すると思います。
- ・条件の良い立地，土地オーナーとのめぐり合せが今後のカギに。
- ・ライバルの某社とは，少し毛色が違うため棲み分けは可能かと。
- ・既存事業も，まだまだ開拓の余地はあるかと。

職種：個人営業　　年齢・性別：30代後半・男性

- ・リフォームについていえば，まだ相場より高めでも受注は可能です。
- ・ただ，大手以外のリフォーム会社との競合も増えてきています。
- ・大型物件についても，中小企業が実力をつけてきているのも事実。
- ・今後戸建て住宅レベルでは，顧客の取り込みが難しくなるかと。

職種：個人営業　　年齢・性別：20代後半・男性

- ・戸建ての長寿命化で，建て替えのサイクルは確実に長くなります。
- ・建て替えからリフォーム需要の取り込みへシフトしています。
- ・他社より一歩出遅れてしまうスピード感のなさの改善が急務です。
- ・今後ニーズが多様化していく中どう対応していけるかだと思います。

●建設業界

会社名	本社住所
ショーボンドホールディングス	東京都中央区日本橋箱崎町 7 番 8 号
ミライト・ホールディングス	東京都江東区豊洲 5-6-36
タマホーム	東京都港区高輪 3 丁目 22 番 9 号 タマホーム本社ビル
ダイセキ環境ソリューション	愛知県名古屋市港区船見町 1 番地 86
安藤・間	東京都港区赤坂六丁目 1 番 20 号
東急建設	東京都渋谷区渋谷 1-16-14　渋谷地下鉄ビル
コムシスホールディングス	東京都品川区東五反田 2-17-1
ミサワホーム	東京都新宿区西新宿二丁目 4 番 1 号 新宿 NS ビル
高松コンストラクショングループ	大阪市淀川区新北野 1-2-3
東建コーポレーション	名古屋市中区丸の内 2 丁目 1 番 33 号　東建本社丸の内ビル
ヤマウラ	長野県駒ヶ根市北町 22 番 1 号
大成建設	東京都新宿区西新宿一丁目 25 番 1 号　新宿センタービル
大林組	東京都港区港南 2 丁目 15 番 2 号
清水建設	東京都中央区京橋二丁目 16 番 1 号
飛島建設	神奈川県川崎市高津区坂戸 3 － 2 － 1 かながわサイエンスパーク (KSP)
長谷工コーポレーション	東京都港区芝二丁目 32 番 1 号
松井建設	東京都中央区新川 1-17-22
銭高組	大阪市西区西本町 2 丁目 2 番 11 号 なにわ筋ツインズウエスト
鹿島建設	東京都港区元赤坂 1-3-1
不動テトラ	東京都中央区日本橋小網町 7 番 2 号 (ぺんてるビル)

会社名	本社住所
大末建設	大阪市中央区久太郎町二丁目 5 番 28 号
鉄建建設	東京都千代田区三崎町 2 丁目 5 番 3 号
日鉄住金テックスエンジ	東京都千代田区丸の内二丁目 5 番 2 号　三菱ビル
西松建設	東京都港区虎ノ門一丁目 20 番 10 号
三井住友建設	東京都中央区佃二丁目 1 番 6 号
大豊建設	東京都中央区新川一丁目 24 番 4 号
前田建設工業	東京都千代田区猿楽町二丁目 8 番 8 号 猿楽町ビル
佐田建設	群馬県前橋市元総社町 1-1-7
ナカノフドー建設	東京都千代田区九段北四丁目 2 番 28 号
奥村組	大阪市阿倍野区松崎町二丁目 2 番 2 号
大和小田急建設	東京都新宿区西新宿 4-32-22
東鉄工業	東京都新宿区信濃町 34 JR 信濃町ビル 4 階
イチケン	東京都台東区北上野 2 丁目 23 番 5 号（住友不動産上野ビル 2 号館）
淺沼組	大阪市天王寺区東高津町 12 番 6 号
戸田建設	東京都中央区京橋一丁目 7 番 1 号
熊谷組	東京都新宿区津久戸町 2 番 1 号
青木あすなろ建設	東京都港区芝 4 丁目 8 番 2 号
北野建設	長野県長野市県町 524
植木組	新潟県柏崎市新橋 2-8
三井ホーム	東京都新宿区西新宿二丁目 1 番 1 号　新宿三井ビル 53 階
矢作建設工業	名古屋市東区葵三丁目 19 番 7 号
ピーエス三菱	東京都中央区晴海二丁目 5 番 24 号　晴海センタービル 3 階

会社名	本社住所
大東建託	東京都港区港南二丁目 16 番 1 号　品川イーストワンタワー 21 ～ 24 階・(総合受付 24 階)
新日本建設	千葉県千葉市美浜区ひび野一丁目 4 番 3 新日本ビル
NIPPO	東京都中央区京橋 1 - 19 - 11
東亜道路工業	東京都港区六本木七丁目 3 番 7 号
前田道路	東京都品川区大崎 1 丁目 11 番 3 号
日本道路	東京都港区新橋 1-6-5
東亜建設工業	東京都新宿区西新宿 3-7-1　新宿パークタワー 31 階
若築建設	東京都目黒区下目黒二丁目 23 番 18 号
東洋建設	東京都江東区青海二丁目 4 番 24 号　青海フロンティアビル 12，13 階
五洋建設	東京都文京区後楽 2-2-8
大林道路	東京都墨田区堤通 1-19-9 リバーサイド隅田セントラルタワー 5F
世紀東急工業	東京都港区芝公園 2 丁目 9 番 3 号
福田組	新潟県新潟市中央区一番堀通町 3-10
住友林業	東京都千代田区大手町一丁目 3 番 2 号 (経団連会館)
日本基礎技術	大阪市北区松ヶ枝町 6 番 22 号
日成ビルド工業	石川県金沢市金石北 3-16-10
ヤマダ・エスバイエルホーム	大阪市北区天満橋一丁目 8 番 30 号　OAP タワー 5 階
巴コーポレーション	東京都中央区勝どき 4-5-17 かちどき泉ビル
パナホーム	大阪府豊中市新千里西町 1 丁目 1 番 4 号
大和ハウス工業	大阪市北区梅田 3 丁目 3 番 5 号
ライト工業	東京都千代田区五番町 6 番地 2
積水ハウス	大阪市北区大淀中一丁目 1 番 88 号 梅田スカイビルタワーイースト

会社名	本社住所
日特建設	東京都中央区銀座 8 丁目 14 番 14 号
北陸電気工事	富山県富山市小中 269 番
ユアテック	仙台市宮城野区榴岡 4 丁目 1 番 1 号
西部電気工業	福岡市博多区博多駅東 3 丁目 7 番 1 号
四電工	高松市松島町 1 丁目 11 番 22 号
中電工	広島市中区小網町 6 番 12 号
関電工	東京都港区芝浦 4-8-33
きんでん	大阪市北区本庄東 2 丁目 3 番 41 号
東京エネシス	東京都中央区日本橋茅場町一丁目 3 番 1 号
トーエネック	愛知県名古屋市中区栄一丁目 20 番 31 号
住友電設	大阪市西区阿波座 2-1-4
日本電設工業	東京都台東区池之端一丁目 2 番 23 号 NDK 第二池之端ビル
協和エクシオ	東京都渋谷区渋谷 3 丁目 29 番 20 号
新日本空調	東京都中央区日本橋浜町 2-31-1　浜町センタービル
NDS	愛知県名古屋市中区千代田 2-15-18
九電工	福岡市南区那の川一丁目 23 番 35 号
三機工業	東京都中央区明石町 8 番 1 号
日揮	横浜市西区みなとみらい 2-3-1
中外炉工業	大阪市中央区平野町 3 丁目 6 番 1 号
ヤマト	東京都中央区銀座 2-16-10
太平電業	東京都千代田区神田神保町 2-4
高砂熱学工業	東京都千代田区神田駿河台 4 丁目 2 番地 5

会社名	本社住所
三晃金属工業	東京都港区芝浦四丁目 13 番 23 号
朝日工業社	東京都港区浜松町一丁目 25 番 7 号
明星工業	大阪市西区京町堀 1 丁目 8 番 5 号（明星ビル）
大氣社	東京都新宿区西新宿 8-17-1　住友不動産新宿グランドタワー
ダイダン	大阪市西区江戸堀 1 丁目 9 番 25 号
日比谷総合設備	東京都港区芝浦 4-2-8　住友不動産三田ツインビル東館
東芝プラントシステム	神奈川県横浜市鶴見区鶴見中央 4-36-5　鶴見東芝ビル
東洋エンジニアリング	東京都千代田区丸の内 1 丁目 5 番 1 号
千代田化工建設	神奈川県横浜市西区みなとみらい四丁目 6 番 2 号みなとみらいグランドセントラルタワー
新興プランテック	横浜市磯子区新磯子町 27-5

●不動産業界

会社名	本社住所
日本駐車場開発	大阪府大阪市北区小松原町 2 番 4 号 大阪富国生命ビル
ヒューリック	東京都中央区日本橋大伝馬町 7 番 3 号
東京建物不動産販売	東京都新宿区西新宿 1 丁目 25 番 1 号（新宿センタービル）
三栄建築設計	東京都杉並区西荻北 2-1-11 三栄本社ビル
野村不動産ホールディングス	東京都新宿区西新宿 1 丁目 26 番 2 号
プレサンスコーポレーション	大阪市中央区城見 1 丁目 2 番 27 号 クリスタルタワー 27 階
常和ホールディングス	東京都中央区日本橋本町一丁目 7 番 2 号　常和江戸橋ビル 5 階
フージャースホールディングス	東京都千代田区神田美土代町 9-1 MD 神田ビル
オープンハウス	千代田区丸の内 2-4-1　丸の内ビルディング 12F
東急不動産ホールディングス	東京都渋谷区道玄坂 1-21-2　新南平台東急ビル
エコナックホールディングス	東京都港区南青山 7-8-4　高樹ハイツ
パーク 24	東京都千代田区有楽町 2-7-1
パラカ	東京都港区麻布台 1-11-9　CR 神谷町ビル 9F
三井不動産	東京都中央区日本橋室町 2 丁目 1 番 1 号
三菱地所	東京都港区赤坂 2-14-27 国際新赤坂ビル東館
平和不動産	東京都中央区日本橋兜町 1 番 10 号
東京建物	東京都中央区八重洲一丁目 9 番 9 号 東京建物本社ビル
ダイビル	大阪市北区中之島 3-6-32　ダイビル本館
京阪神ビルディング	大阪市中央区瓦町四丁目 2 番 14 号
住友不動産	東京都新宿区西新宿二丁目 4 番 1 号　新宿 NS ビル
大京	東京都渋谷区千駄ヶ谷 4-24-13　千駄ヶ谷第 21 大京ビル
テーオーシー	東京都品川区西五反田 7 丁目 22 番 17 号

会社名	本社住所
東京楽天地	東京都墨田区江東橋 4 丁目 27 番 14 号
レオパレス 21	東京都中野区本町 2 丁目 54 番 11 号
フジ住宅	大阪府岸和田市土生町 1 丁目 4 番 23 号
空港施設	東京都大田区羽田空港 1-6-5 第五綜合ビル
明和地所	千葉県浦安市入船 4-1-1　新浦安中央ビル 1F
住友不動産販売	東京都新宿区西新宿二丁目 4 番 1 号
ゴールドクレスト	東京都千代田区大手町 2-1-1
日本エスリード	大阪市福島区福島六丁目 25 番 19 号
日神不動産	東京都新宿区新宿五丁目 8 番 1 号
タカラレーベン	東京都新宿区西新宿 2-6-1 新宿住友ビル 26 階
サンヨーハウジング名古屋	愛知県名古屋市瑞穂区妙音通三丁目 31 番地の 1 サンヨー本社ビル
イオンモール	千葉県千葉市美浜区中瀬一丁目 5 番
ファースト住建	兵庫県尼崎市東難波町 5-6-9
ランド	神奈川県横浜市西区北幸一丁目 11 番 5 号　相鉄 KS ビル 6F
トーセイ	東京都港区虎ノ門四丁目 2 番 3 号
穴吹興産	香川県高松市鍛冶屋町 7-12
エヌ・ティ・ティ都市開発	東京都千代田区外神田 4-14-1 秋葉原 UDX
サンフロンティア不動産	東京都千代田区有楽町一丁目 2 番 2 号
エフ・ジェー・ネクスト	東京都新宿区西新宿 6 丁目 5 番 1 号　新宿アイランドタワー 11F
ランドビジネス	東京都千代田区霞が関三丁目 2 番 5 号霞が関ビルディング
グランディハウス	栃木県宇都宮市大通り 4 丁目 3 番 18 号
日本空港ビルデング	東京都大田区羽田空港 3-3-2　第 1 旅客ターミナルビル

第3章

就職活動のはじめかた

入りたい会社は決まった。しかし「就職活動とはそもそ
も何をしていいのかわからない」「どんな流れで進むか
わからない」という声は意外と多い。ここでは就職活
動の一般的な流れや内容，対策について解説していく。

▶就職活動のスケジュール

3月	**4**月	**6**月

就職活動スタート

> 2025年卒の就活スケジュールは,経団連と政府を中心に議論され,2024年卒の採用選考スケジュールから概ね変更なしとされている。

エントリー受付・提出

OB・OG訪問

> 企業の説明会には積極的に参加しよう。独自の企業研究だけでは見えてこなかった新たな情報を得る機会であるとともに,モチベーションアップにもつながる。また,説明会に参加した者だけに配布する資料などもある。

合同企業説明会 個別企業説明会

筆記試験・面接試験等始まる（3月〜）

内々定(大手企業)

2月末までにやっておきたいこと

就職活動が本格化する前に,以下のことに取り組んでおこう。
◎自己分析　◎インターンシップ　◎筆記試験対策
◎業界研究・企業研究　◎学内就職ガイダンス
自分が本当にやりたいことはなにか,自分の能力を最大限に活かせる会社はどこか。自己分析と企業研究を重ね,それを文章などにして明確にしておき,面接時に最大限に活用できるようにしておこう。

7月　　　　**8月**　　　　**10月**

中小企業採用本格化

内定者の数が採用予定数に満たない企業，1年を通して採用を継続している企業，夏休み以降に採用活動を実施企業（後期採用）は採用活動を継続して行っている。大企業でも後期採用を行っていることもあるので，企業から内定が出ても，納得がいかなければ継続して就職活動を行うこともある。

中小企業の採用が本格化するのは大手企業より少し遅いこの時期から。HPなどで採用情報をつかむとともに，企業研究も怠らないようにしよう。

内々定とは10月1日以前に通知（電話等）されるもの。内定に関しては現在協定があり，10月1日以降に文書等にて通知される。

内々定（中小企業）　　　内定式（10月〜）

どんな人物が求められる？

多くの企業は，常識やコミュニケーション能力があり，社会のできごとに高い関心を持っている人物を求めている。これは「会社の一員として将来の企業発展に寄与してくれるか」という視点に基づく，もっとも普遍的な選考基準だ。もちろん，「自社の志望を真剣に考えているか」「自社の製品，サービスにどれだけの関心を向けているか」という熱意の部分も重要な要素になる。

就活ロールプレイ！

理論編

理論編 STEP 1　就職活動のスタート

内定までの道のりは，大きく分けると以下のようになる。

自 己 分 析

↓

企 業 研 究

↓

エントリーシート・筆記試験・面接

↓

内 定

01 まず自己分析からスタート

　就職活動とは，「企業に自分をPRすること」。自分自身の興味，価値観に加えて，強み・能力という要素が加わって，初めて企業側に「自分が働いたら，こういうポイントで貢献できる」と自分自身を売り込むことができるようになる。

■自分の来た道を振り返る

　自己分析をするための第一歩は，「振り返ってみる」こと。

　小学校，中学校など自分のいた"場"ごとに何をしたか（部活動など），何を学んだか，交友関係はどうだったか，興味のあったこと，覚えている印象的なことを書き出してみよう。

■テストを受けてみる

　"自分では気がついていない能力"を客観的に検査してもらうことで，自分に向いている職種が見えてくる。下記の5種類が代表的なものだ。

①職業適性検査　　②知能検査　　③性格検査

④職業興味検査　　⑤創造性検査

■**先輩や専門家に相談してみる**

　就職活動をするうえでは，"いかに他人に自分のことをわかってもらうか"が重要なポイント。他者の視点で自分を分析してもらうことで，より客観的な視点で自己PRができるようになる。

自己分析の流れ

❏過去の経験を書いてみる

❏現在の自己イメージを明確にする…行動，考え方，好きなものなど。

❏他人から見た自分を明確にする

❏将来の自分を明確にしてみる…どのような生活をおくっていたいか。期待，夢，願望。なりたい自分はどういうものか，掘り下げて考える。→自己分析結果を，志望動機につなげていく。

01 企業の絞り込み

　志望企業の絞り込みについての考え方は大きく分けて2つある。

　第1は，同一業種の中で1次候補，2次候補……と絞り込んでいく方法。

　第2は，業種を1次，2次，3次候補と変えながら，それぞれに2社程度ずつ絞り込んでいく方法。

　第1の方法では，志望する同一業種の中で，一流企業，中堅企業，中小企業，縁故などがある歯止めの会社……というふうに絞り込んでいく。

　第2の方法では，自分が最も望んでいる業種，将来好きになれそうな業種，発展性のある業種，安定性のある業種，現在好況な業種……というふうに区別して，それぞれに適当な会社を絞り込んでいく。

02 情報の収集場所

・キャリアセンター

・新聞

・インターネット

・企業情報

『就職四季報』（東洋経済新報社刊），『日経会社情報』（日本経済新聞社刊）などの企業情報。この種の資料は本来“株式市場”についての資料だが，その時期の景気動向を含めた情報を仕入れることができる。

・経済雑誌

『ダイヤモンド』（ダイヤモンド社刊）や『東洋経済』（東洋経済新報社刊），『エコノミスト』（毎日新聞出版刊）など。

・OB・OG／社会人

①成長力

　まず"売上高"。次に資本力の問題や利益率などの比率。いくら資本金があっても，それを上回る膨大な借金を抱えていて，いくら稼いでも利払いに追われまくるようでは，成長できないし，安定できない。

　成長力を見るには自己資本率を割り出してみる。自己資本を総資本で割って100を掛けると自己資本率がパーセントで出てくる。自己資本の比率が高いほうが成長力もあり安定度も高い。

　利益率は純利益を売上高で割って100を掛ける。利益率が高ければ，企業はどんどん成長するし，社員の待遇も上昇する。利益率が低いということは，仕事がどんなに忙しくても利益にはつながらないということになる。

②技術力

　技術力は，短期的な見方と長期的な展望が必要になってくる。研究部門が適切な規模か，大学など企業外の研究部門との連絡があるか，先端技術の分野で開発を続けているかどうかなど。

③経営者と経営形態

　会社が将来，どのような発展をするか，または衰退するかは経営者の経営哲学，経営方針によるところが大きい。社長の経歴を知ることも必要。創始者の息子，孫といった親族が社長をしているのか，サラリーマン社長か，官庁などからの天下りかということも大切なチェックポイント。

④社風

　社風というのは先輩社員から後輩社員に伝えられ，教えられるもの。社風もいろいろな面から必ずチェックしよう。

⑤安定性

　企業が成長しているか，安定しているかということは車の両輪。どちらか片方の回転が遅くなっても企業はバランスを失う。安定し，しかも成長する。これが企業として最も理想とするところ。

⑥待遇

　初任給だけを考えてみても，それが手取りなのか，基本給なのか。基本給というのはボーナスから退職金，定期昇給の金額にまで響いてくる。また，待遇というのは給与ばかりではなく，福利厚生施設でも大きな差が出てくる。

■そのほかの会社比較の基準

1. ゆとり度

休暇制度は，企業によって独自のものを設定しているところもある。「長期休暇制度」といったものなどの制定状況と，また実際に取得できているかどうかも調べたい。

2. 独身寮や住宅設備

最近では，社宅は廃止し，住宅手当を多く出すという流れもある。寮や社宅についての福利厚生は調べておく。

3. オフィス環境

会社に根づいた慣習や社員に対する考え方が，意外にオフィスの設備やレイアウトに表れている場合がある。

たとえば，個人の専有スペースの広さや区切り方，パソコンなどOA機器の設置状況，上司と部下の机の配置など，会社によってずいぶん違うもの。玄関ロビーや受付の様子を観察するだけでも，会社ごとのカラーや特徴がどこかに見えてくる。

4. 勤務地

転勤はイヤ，どうしても特定の地域で生活していきたい。そんな声に応えて，最近は流通業などを中心に，勤務地限定の雇用制度を取り入れる企業も増えている。

---

column　初任給では分からない本当の給与

会社の給与水準には「初任給」「平均給与」「平均ボーナス」「モデル給与」など，判断材料となるいくつかのデータがある。これらのデータからその会社の給料の優劣を判断するのは非常に難しい。

たとえば中小企業の中には，初任給が飛び抜けて高い会社がときどきある。しかしその後の昇給率は大きくないのがほとんど。

一方，大手企業の初任給は業種間や企業間の差が小さく，ほとんど横並びと言っていい。そこで，「平均給与」や「平均ボーナス」などで将来の予測をするわけだが，これは一応の目安とはなるが，個人差があるので正確とは言えない。

■決定版「就職ノート」はこう作る

　1冊にすべて書き込みたいという人には，ルーズリーフ形式のノートがお勧め。会社研究，スケジュール，時事用語，OB／OG訪問，切り抜きなどの項目を作りインデックスをつける。

　カレンダー，説明会，試験などのスケジュール表を貼り，とくに会社別の説明会，面談，書類提出，試験の日程がひと目で分かる表なども作っておく。そして見開き2ページで1社を載せ，左ページに企業研究，右ページには志望理由，自己PRなどを整理する。

就職ノートの主なチェック項目

❏企業研究…資本金，業務内容，従業員数など基礎的な会社概要から，過去の採用状況，業務報告などのデータ

❏採用試験メモ…日程，条件，提出書類，採用方法，試験の傾向など

❏店舗・営業所見学メモ…流通関係，銀行などの場合は，客として訪問し，商品（値段，使用価値，ユーザーへの配慮），店員（接客態度，商品知識，熱意，親切度），店舗（ショーケース，陳列の工夫，店内の清潔さ）などの面をチェック

❏OB／OG訪問メモ…OB／OGの名前，連絡先，訪問日時，面談場所，質疑応答のポイント，印象など

❏会社訪問メモ…連絡先，人事担当者名，会社までの交通機関，最寄り駅からの地図，訪問のときに得た情報や印象，訪問にいたるまでの経過も記入

　「OB／OG訪問」は，実際は採用予備選考開始。まず，OB／OG訪問を希望したら，大学のキャリアセンター，教授などの紹介で，志望企業に勤める先輩の手がかりをつかむ。もちろん直接電話なり手紙で，自分の意向を会社側に伝えてもいい。自分の在籍大学，学部をはっきり言って，「先輩を紹介していただけないでしょうか」と依頼しよう。

参考

OB／OG訪問時の質問リスト例

●採用について

- ・成績と面接の比重
- ・採用までのプロセス（日程）
- ・面接は何回あるか
- ・面接で質問される事項　etc.

- ・評価のポイント
- ・筆記試験の傾向と対策
- ・コネの効力はどうか

●仕事について

- ・内容（入社10年, 20年のOB/OG）
- ・希望職種につけるのか
- ・残業，休日出勤，出張など

- ・新入社員の仕事
- ・やりがいはどうか
- ・同業他社と比較してどうか　etc.

●社風について

- ・社内のムード
- ・仕事のさせ方　etc.

- ・上司や同僚との関係

●待遇について

- ・給与について
- ・昇進のスピード

- ・福利厚生の状態
- ・離職率について　etc.

06 インターンシップ

インターンシップとは，学生向けに企業が用意している「就業体験」プログラム。ここで学生はさまざまな企業の実態をより深く知ることができ，その後の就職活動において自己分析，業界研究，職種選びなどに活かすことができる。また企業側にとっても有能な学生を発掘できるというメリットがあるため，導入する企業は増えている。

インターンシップ参加が採用につながっているケースもあるため，たくさん参加してみよう。

---

column コネを利用するのも1つの手段？

コネを活用できるのは，以下のような場合である。

・企業と大学に何らかの「連絡」がある場合

　企業の新卒採用の場合，特定校・指定校が決められていることもある。企業側が過去の実績などに基づいて決めており，大学の力が大きくものをいう。

　とくに理工系では，指導教授や研究室と企業との連絡が密接な場合が多く，教授の推薦が有利であることは言うまでもない。同じ大学出身の先輩とのコネも，この部類に区分できる。

・志望企業と「関係」ある人と関係がある場合

　一般的に言えば，志望企業の取り引き先関係からの紹介というのが一番多い。ただし，年間億単位の実績が必要で，しかも部長・役員以上につながっていなければコネがあるとは言えない。

・志望企業と何らかの「親しい関係」がある場合

　志望企業に勤務したりアルバイトをしていたことがあるという場合。インターンシップもここに分類される。職場にも馴染みがあり人間関係もできているので，就職に際してきわめて有利。

・志望会社に関係する人と「縁故」がある場合

　縁故を「血縁関係」とした場合，日本企業ではこのコネはかなり有効なところもある。ただし，血縁者が同じ会社にいるというのは不都合なことも多いので，どの企業も慎重。

07 会社説明会のチェックポイント

1. 受付の様子

受付事務がテキパキとしていて，分かりやすいかどうか。社員の態度が親切で誠意が伝わってくるかどうか。

こういった受付の様子からでも，その会社の社員教育の程度や，新入社員採用に対する熱意とか期待を推し測ることができる。

2. 控え室の様子

控え室が2カ所以上あって，国立大学と私立大学の訪問者とが，別々に案内されているようなことはないか。また，面談の順番を意図的に変えているようなことはないか。これはよくある例で，すでに大半は内定しているということを意味する場合が多い。

3. 社内の雰囲気

社員の話し方，その内容を耳にはさむだけでも，社風が伝わってくる。

4. 面談の様子

何時間も待たせたあげくに，きわめて事務的に，しかも投げやりな質問しかしないような採用担当者である場合，この会社は人事が適正に行われていないということだから，一考したほうがよい。

参考 ▶ 説明会での質問項目

・質問内容が抽象的でなく，具体性のあるものかどうか。
・質問内容は，現在の社会・経済・政治などの情況を踏まえた，
　大学生らしい高度で専門性のあるものか。
・質問をするのはいいが，「それでは，あなたの意見はどうか」と
　逆に聞かれたとき，自分なりの見解が述べられるものであるか。

提出書類を用意する

提出する書類は6種類。①〜③が大学に申請する書類，④〜⑥が自分で書く書類だ。大学に申請する書類は一度に何枚も入手しておこう。

① 「卒業見込証明書」
② 「成績証明書」
③ 「健康診断書」
④ 「履歴書」
⑤ 「エントリーシート」
⑥ 「会社説明会アンケート」

■自分で書く書類は「自己PR」

第1次面接に進めるか否かは「自分で書く書類」の出来にかかっている。「履歴書」と「エントリーシート」は会社説明会に行く前に準備しておくもの。「会社説明会アンケート」は説明会の際に書き，その場で提出する書類だ。

01 履歴書とエントリーシートの違い

　Webエントリーを受け付けている企業に資料請求をすると，資料と一緒に「エントリーシート」が送られてくるので，応募サイトのフォームやメールでエントリーシートを送付する。Webエントリーを行っていない企業には，ハガキやメールで資料請求をする必要があるが，「エントリーシート」は履歴書とは異なり，企業が設定した設問に対して回答するもの。すなわちこれが「1次試験」であり，これにパスをした人だけが会社説明会に呼ばれる。

■字はていねいに

字を書くところから，その企業に対する"本気度"は測られている。

■誤字，脱字は厳禁

使用するのは，黒のインク。

■修正液使用は不可

■数字は算用数字

■自分の広告を作るつもりで書く

自分はこういう人間であり，何がしたいかということを簡潔に書く。メリットになることだけで良い。自分に損になるようなことを書く必要はない。

■「やる気」を示す具体的なエピソードを

「私はやる気があります」「私は根気があります」という抽象的な表現だけではNG。それを示すエピソードのようなものを書かなくては意味がない。

┌─ Point ─────────────────────────

自己紹介欄の項目はすべて「自己PR」。自分はこういう人間であることを印象づけ，それがさらに企業への「志望動機」につながっていくような書き方をする。

└─────────────────────────────────

column 履歴書やエントリーシートは，共通でもいい？

「履歴書」や「エントリーシート」は企業によって書き分ける。業種はもちろん，同じ業界の企業であっても求めている人材が違うからだ。各書類は提出前にコピーを取り，さらに出した企業名を忘れずに書いておくことも大切だ。

▍履歴書記入のPoint

写真	スナップ写真は不可。 スーツ着用で，胸から上の物を使用する。ポイントは「清潔感」。 氏名・大学名を裏書きしておく。
日付	郵送の場合は投函する日，持参する場合は持参日の日付を記入する。
生年月日	西暦は避ける。元号を省略せずに記入する。
氏名	戸籍上の漢字を使う。印鑑押印欄があれば忘れずに押す。
住所	フリガナ欄がカタカナであればカタカナで，平仮名であれば平仮名で記載する。
学歴	最初の行の中央部に「学□□歴」と2文字程度間隔を空けて，中学校卒業から大学（卒業・卒業見込み）まで記入する。 中途退学の場合は，理由を簡潔に記載する。留年は記入する必要はない。 職歴がなければ，最終学歴の一段下の行の右隅に，「以上」と記載する。
職歴	最終学歴の一段下の行の中央部に「職□□歴」と2文字程度間隔を空け記入する。 「株式会社」や「有限会社」など，所属部門を省略しないで記入する。 「同上」や「〃」で省略しない。 最終職歴の一段下の行の右隅に，「以上」と記載する。
資格・免許	4級以下は記載しない。学習中のものも記載して良い。 「普通自動車第一種運転免許」など，省略せずに記載する。
趣味・特技	具体的に（例：読書でもジャンルや好きな作家を）記入する。
志望理由	その企業の強みや良い所を見つけ出したうえで，「自分の得意な事」がどう活かせるかなどを考えぬいたものを記入する。
自己PR	応募企業の事業内容や職種にリンクするような，自分の経験やスキルなどを記入する。
本人希望欄	面接の連絡方法，希望職種・勤務地などを記入する。「特になし」や空白はNG。
家族構成	最初に世帯主を書き，次に配偶者，それから家族を祖父母，兄弟姉妹の順に。続柄は，本人から見た間柄。兄嫁は，義姉と書く。
健康状態	「良好」が一般的。

理論編 STEP4 エントリーシートの記入

01 エントリーシートの目的

・応募者を，決められた採用予定者数に絞り込むこと

・面接時の資料にする

の2つ。

■知りたいのは職務遂行能力

採用担当者が学生を見る場合は，「こいつは与えられた仕事をこなせるかどうか」という目で見ている。企業に必要とされているのは仕事をする能力なのだ。

> 質問に忠実に，"自分がいかにその会社の求める人材に当てはまるか"を
> 丁寧に答えること。

02 効果的なエントリーシートの書き方

■情報を伝える書き方

課題をよく理解していることを相手に伝えるような気持ちで書く。

■文章力

大切なのは全体のバランスが取れているか。書く前に，何をどれくらいの字数で収めるか計算しておく。

「起承転結」でいえば，「起」は，文章を起こす導入部分。「承」は，起を受けて，その提起した問題に対して承認を求める部分。「転」は，自説を展開する部分。もっともオリジナリティが要求される。「結」は，最後の締めの結論部分。文章の構成・まとめる力で，総合的な能力が高いことをアピールする。

エントリーシートでよく取り上げられる題材と，その出題意図

エントリーシートで求められるものは，「自己PR」「志望動機」「将来どうなりたいか（目指すこと）」の3つに大別される。

1.「自己PR」

自己分析にしたがって作成していく。重要なのは，「なぜそうしようと思ったか？」「○○をした結果，何が変わったのか？何を得たのか？」という"連続性"が分かるかどうかがポイント。

2.「志望動機」

自己PRと一貫性を保ち，業界志望理由と企業志望理由を差別化して表現するように心がける。志望する業界の強みと弱み，志望企業の強みと弱みの把握は基本。

3.「将来の展望」

どんな社員を目指すのか，仕事へはどう臨もうと思っているか，目標は何か，などが問われる。仕事内容を事前に把握しておくだけでなく，5年後の自分，10年後の自分など，具体的な将来像を描いておくことが大切。

表現力，理解力のチェックポイント

❏ 文法，語法が正しいかどうか

❏ 論旨が論理的で一貫しているかどうか

❏ 1センテンスが簡潔かどうか

❏ 表現が統一されているかどうか（「です，ます」調か「だ，である」調か）

01 個人面接

●自由面接法

面接官と受験者のキャラクターやその場の雰囲気，質問と応答の進行具合などによって雑談形式で自由に進められる。

●標準面接法

自由面接法とは逆に，質問内容や評価の基準などがあらかじめ決まっている。実際には自由面接法と併用で，おおまかな質問事項や判定基準，評価ポイントを決めておき，質疑応答の内容上の制限を緩和しておくスタイルが一般的。1次面接などでは標準面接法をとり，2次以降で自由面接法をとる企業も多い。

●非指示面接法

受験者に自由に発言してもらい，面接官は話題を引き出したりするときなど，最小限の質問をするという方法。

●圧迫面接法

わざと受験者の精神状態を緊張させ，受験者がどのような応答をするかを観察し，判定する。受験者は，冷静に対応することが肝心。

02 集団面接

面接の方法は個人面接と大差ないが，面接官がひとつの質問をして，受験者が順にそれに答えるという方法と，面接官が司会役になって，座談会のような形式で進める方法とがある。

座談会のようなスタイルでの面接は，なるべく受験者全員が関心をもっているような話題を取りあげ，意見を述べさせるという方法。この際，司会役以外の面接官は一言も発言せず，判定・評価に専念する。

03 グループディスカッション

　グループディスカッション（以下，GD）の時間は30～60分程度，1グループの人数は5～10人程度で，司会は面接官が行う場合や，時間を決めて学生が交替で行うことが多い。面接官は内容については特に指示することはなく，受験者がどのようにGDを進めるかを観察する。

　評価のポイントは，全体的には理解力，表現力，指導性，積極性，協調性など，個別的には性格，知識，適性などが観察される。

　GDの特色は，集団の中での個人ということで，受験者の能力がどの程度のものであるか，また，どのようなことに向いているかを判定できること。受験者は，グループの中における自分の位置を面接官に印象づけることが大切だ。

グループディスカッション方式の面接におけるチェックポイント

- ☐全体の中で適切な論点を提供できているかどうか。
- ☐問題解決に役立つ知識を持っているか，また提供できているかどうか。
- ☐もつれた議論を解きほぐし，的はずれの議論を元に引き戻す努力をしているかどうか。
- ☐グループ全体としての目標をいつも考えているかどうか。
- ☐感情的な対立や攻撃をしかけているようなことはないか。
- ☐他人の意見に耳を傾け，よい意見には賛意を表し，それを全体に推し広げようという寛大さがあるかどうか。
- ☐議論の流れを自然にリードするような主導性を持っているかどうか。
- ☐提出した意見が議論の進行に大きな影響を与えているかどうか。

04 面接時の注意点

●控え室

　控え室には，指定された時間の15分前には入室しよう。そこで担当の係から，面接に際しての注意点や手順の説明が行われるので，疑問点は積極的に聞くようにし，心おきなく面接にのぞめるようにしておこう。会社によっては，所定のカードに必要事項を書き込ませたり，お互いに自己紹介をさせたりする場合もある。また，この控え室での行動も細かくチェックして，合否の資料にしている会社もある。

●入室・面接開始

　係員がドアの開閉をしてくれる場合もあるが，それ以外は軽くノックして入室し，必ずドアを閉める。そして入口近くで軽く一礼し，面接官か補助員の「どうぞ」という指示で正面の席に進み，ここで再び一礼をする。そして，学校名と氏名を名のって静かに着席する。着席時は，軽く椅子にかけるようにする。

●面接終了と退室

　面接の終了が告げられたら，椅子から立ち上がって一礼し，椅子をもとに戻して，面接官または係員の指示を受けて退室する。

　その際も，ドアの前で面接官のほうを向いて頭を下げ，静かにドアを開閉する。控え室に戻ったら，係員の指示を受けて退社する。

05 面接試験の評定基準

●協調性

　企業という「集団」では，他人との協調性が特に重視される。

　感情や態度が円満で調和がとれていること，極端に好悪の情が激しくなく，物事の見方や考え方が穏健で中立であることなど，職場での人間関係を円滑に進めていくことのできる人物かどうかが評価される。

●話し方

　外観印象的には，言語の明瞭さや応答の態度そのものがチェックされる。小さな声で自信のない発言，乱暴野卑な発言は減点になる。

　考えをまとめたら，言葉を選んで話すくらいの余裕をもって，真剣に応答しようとする姿勢が重視される。軽率な応答をしたり，まして発言に矛盾を指摘されるような事態は極力避け，もしそのような状況になりそうなときは，自分の非を認めてはっきりと謝るような態度を示すべき。

●好感度

　実社会においては，外観による第一印象が，人間関係や取引に大きく影響を及ぼす。

　「フレッシュな爽やかさ」に加え，入社志望など，自分の意思や希望をより明確にすることで，強い信念に裏づけられた姿勢をアピールできるよう努力したい。

●判断力

何を質問されているのか，何を答えようとしているのか，常に冷静に判断していく必要がある。

●**表現力**

話に筋道が通り理路整然としているか，言いたいことが簡潔に言えるか，話し方に抑揚があり聞く者に感銘を与えるか，用語が適切でボキャブラリーが豊富かどうか。

●**積極性**

活動意欲があり，研究心旺盛であること，進んで物事に取り組み，創造的に解決しようとする意欲が感じられること，話し方にファイトや情熱が感じられること，など。

●**計画性**

見通しをもって順序よく合理的に仕事をする性格かどうか，またその能力の有無。企業の将来性のなかに，自分の将来をどうかみ合わせていこうとしているか，現在の自分を出発点として，何を考え，どんな仕事をしたいのか。

●**安定性**

情緒の安定は，社会生活に欠くことのできない要素。自分自身をよく知っているか，他の人に流されない信念をもっているか。

●**誠実性**

自分に対して忠実であろうとしているか，物事に対してどれだけ誠実な考え方をしているか。

●**社会性**

企業は集団活動なので，自分の考えに固執したり，不平不満が多い性格は向かない。柔軟で適応性があるかどうか。

清潔感や明朗さ，若々しさといった外観面も重視される。

06 面接試験の質問内容

1. 志望動機

受験先の概要や事業内容はしっかりと頭の中に入れておく。また，その企業の企業活動の社会的意義と，自分自身の志望動機との関連を明確にしておく。「安定している」「知名度がある」「将来性がある」といった利己的な動機，「自

分の性格に合っている」というような，あいまいな動機では説得力がない。安定性や将来性は，具体的にどのような企業努力によって支えられているのかという考察も必要だし，それに対する受験者自身の評価や共感なども問われる。

①どうしてその業種なのか

②どうしてその企業なのか

③どうしてその職種なのか

以上の①〜③と，自分の性格や資質，専門などとの関連性を説明できるようにしておく。

自分がどうしてその会社を選んだのか，どこに大きな魅力を感じたのかを，できるだけ具体的に，情熱をもって語ることが重要。自分の長所と仕事の適性を結びつけてアピールし，仕事のやりがいや仕事に対する興味を述べるのもよい。

■複数の企業を受験していることは言ってもいい？

同じ職種，同じ業種で何社かかけもちしている場合，正直に答えてもかまわない。しかし，「第一志望はどこですか」というような質問に対して，正直に答えるべきかどうかというと，やはりこれは疑問がある。どんな会社でも，他社を第一志望にあげられれば，やはり愉快には思わない。

また，職種や業種の異なる会社をいくつか受験する場合も同様で，極端に性格の違う会社をあげれば，その矛盾を突かれるのは必至だ。

2. 仕事に対する意識・職業観

採用試験の段階では，次年度の配属予定が具体的に固まっていない会社もかなりある。具体的に職種や部署などを細分化して募集している場合は別だが，そうでない場合は，希望職種をあまり狭く限定しないほうが賢明。どの業界においても，採用後，新入社員には，研修としてその会社の各セクションをひと通り経験させる企業は珍しくない。そのうえで，具体的な配属計画を検討するのだ。

大切なことは，就職や職業というものを，自分自身の生き方の中にどう位置づけるか，また，自分の生活の中で仕事とはどういう役割を果たすのかを考えてみること。つまり自分の能力を活かしたい，社会に貢献したい，自分の存在価値を社会的に実現してみたい，ある分野で何か自分の力を試してみたい……，などの場合を考え，それを自分自身の人生観，志望職種や業種などとの関係を考えて組み立ててみる。自分の人生観をもとに，それを自分の言葉で表現できるようにすることが大切。

3. 自己紹介・自己PR

性格そのものを簡単に変えたり，欠点を克服したりすることは実際には難しいが，"仕方がない"という姿勢を見せることは禁物で，どんなささいなことでも，努力している面をアピールする。また一般的にいって，専門職を除けば，就職時になんらかの資格や技能を要求する企業は少ない。

ただ，資格をもっていれば採用に有利とは限らないが，専門性を要する業種では考慮の対象とされるものもある。たとえば英検，簿記など。

企業が学生に要求しているのは，4年間の勉学を重ねた学生が，どのように仕事に有用であるかということで，学生の知識や学問そのものを聞くのが目的ではない。あくまで，社会人予備軍としての謙虚さと素直さを失わないようにする。

知識や学力よりも，その人の人間性，ビジネスマンとしての可能性を重視するからこそ，面接担当者は，学生生活全般について尋ねることで，書類だけでは分からない人間性を探ろうとする。

何かうち込んだものや思い出に残る経験などは，その人の人間的な成長になんらかの作用を及ぼしているものだ。どんな経験であっても，そこから受けた印象や教訓などは，明確に答えられるようにしておきたい。

4. 一般常識・時事問題

一般常識・時事問題については筆記試験の分野に属するが，面接でこうしたテーマがもち出されることも珍しくない。受験者がどれだけ社会問題に関心をもっているか，一般常識をもっているか，また物事の見方・考え方に偏りがないかなどを判定する。知識や教養だけではなく，一問一答の応答を通じて，その人の性格や適応能力まで判断されることになる。

07 面接に向けての事前準備

■面接試験1カ月前までには万全の準備をととのえる

●志望会社・職種の研究

新聞の経済欄や経済雑誌などのほか，会社年鑑，株式情報など書物による研究をしたり，インターネットにあがっている企業情報や，検索によりさまざまな角度から調べる。すでにその会社へ就職している先輩や知人に会って知識を得たり，大学のキャリアセンターへ情報を求めるなどして総合的に判断する。

■専攻科目の知識・卒論のテーマなどの整理

大学時代にどれだけ勉強してきたか，専攻科目や卒論のテーマなどを整理しておく。

■時事問題に対する準備

　毎日欠かさず新聞を読む。志望する企業の話題は，就職ノートに整理するなどもアリ。

面接当日の必需品

- ❏必要書類（履歴書，卒業見込証明書，成績証明書，健康診断書，推薦状）
- ❏学生証
- ❏就職ノート（志望企業ファイル）
- ❏印鑑，朱肉
- ❏筆記用具（万年筆，ボールペン，サインペン，シャープペンなど）
- ❏手帳，ノート
- ❏地図（訪問先までの交通機関などをチェックしておく）
- ❏現金（小銭も用意しておく）
- ❏腕時計（オーソドックスなデザインのもの）
- ❏ハンカチ，ティッシュペーパー
- ❏くし，鏡（女性は化粧品セット）
- ❏シューズクリーナー
- ❏ストッキング
- ❏折りたたみ傘（天気予報をチェックしておく）
- ❏携帯電話，充電器

理論編 STEP6 筆記試験の種類

■一般常識試験

Point

社会人として企業活動を行ううえで最低限必要となる一般常識のほか，
英語，国語，社会（時事問題），数学などの知識の程度を確認するもの。

難易度はおおむね中学・高校の教科書レベル。一般常識の問題集を1冊やっておけばよいが，業界によっては専門分野が出題されることもあるため，必ず志望する企業のこれまでの試験内容は調べておく。

■一般常識試験の対策

・**英語**　慣れておくためにも，教科書を復習する，英字新聞を読むなど。

・**国語**　漢字，四字熟語，反対語，同音異義語，ことわざをチェック。

・**時事問題**　新聞や雑誌，テレビ，ネットニュースなどアンテナを張っておく。

■適性検査

SPI（Synthetic Personality Inventory）試験（SPI3試験）とも呼ばれ，能力テストと性格テストを合わせたもの。

能力テストでは国語能力を測る「言語問題」と，数学能力を測る「非言語問題」がある。言語的能力，知覚能力，数的能力のほか，思考・推理能力，記憶力，注意力などの問題で構成されている。

性格テストは「はい」か「いいえ」で答えていく。仕事上の適性と性格の傾向などが一致しているかどうかをみる。

Point

SPIは職務への適応性を客観的にみるためのもの。

01 「論文」と「作文」

　一般に「論文」はあるテーマについて自分の意見を述べ，その論証をする文章で，必ず意見の主張とその論証という2つの部分で構成される。問題提起と論旨の展開，そして結論を書く。

　「作文」は，一般的には感想文に近いテーマ，たとえば「私の興味」「将来の夢」といったものがある。

　就職試験では「論文」と「作文」を合わせた"論作文"とでもいうようなものが出題されることが多い。

　論作文試験とは，「文章による面接」。テーマに書き手がどういう態度を持っているかを知ることが，出題の主な目的だ。受験者の知識・教養・人生観・社会観・職業観，そして将来への希望などが，どのような思考を経て，どう表現されているかによって，企業にとって，必要な人物かどうかを判断している。

　論作文の場合には，書き手の社会的意識や考え方に加え，「感銘を与える」働きが要求される。就職活動とは，企業に対し「自分をアピールすること」だということを常に念頭に置いておきたい。

Point

論文と作文の違い

	論　文	作　文
テーマ	学術的・社会的・国際的なテーマ。時事，経済問題など	個人的・主観的なテーマ。人生観，職業観など
表現	自分の意見や主張を明確に述べる。	自分の感想を述べる。
展開	四段型（起承転結）の展開が多い。	三段型（はじめに・本文・結び）の展開が多い。
文体	「だ調・である調」のスタイルが多い。	「です調・ます調」のスタイルが多い。

02 採点のポイント

・テーマ

与えられた課題（テーマ）を，受験者はどのように理解しているか。

出題されたテーマの意義をよく考え，それに対する自分の意見や感情が，十分に整理されているかどうか。

・表現力

課題について本人が感じたり，考えたりしたことを，文章で的確に表しているか。

・字・用語・その他

かなづかいや送りがなが合っているか，文中で引用されている格言やことわざの類が使用法を間違えていないか，さらに誤字・脱字に至るまで，文章の基本的な力が受験者の人柄ともからんで厳密に判定される。

・オリジナリティ

魅力がある文章とは，オリジナリティを率直に出すこと。自分の感情や意見を，自分の言葉で表現する。

・生活態度

文章は，書き手の人格や人柄を映し出す。平素の社会的関心や他人との協調性，趣味や読書傾向はどうであるかといった，受験者の日常における生き方，生活態度がみられる。

・字の上手・下手

できるだけ読みやすい字を書く努力をする。また，制限字数より文章が長くなって原稿用紙の上下や左右の空欄に書き足したりすることは避ける。消しゴムで消す場合にも，丁寧に。

いずれの場合でも，表面的な文章力を問うているのではなく，受験者の人柄のほうを重視している。

マナーチェックリスト

（実践編）

就活において企業の人事担当は，面接試験やOG／OB訪問，そして面接試験において，あなたのマナーや言葉遣いといった，「常識力」をチェックしている。現在の自分はどのくらい「常識力」が身についているかをチェックリストで振りかえり，何ができて，何ができていないかを明確にしたうえで，今後の取り組みに生かしていこう。

評価基準　5：大変良い　4：やや良い　3：どちらともいえない　2：やや悪い　1：悪い

	項　目	評　価	メ　モ
挨拶	明るい笑顔と声で挨拶をしているか		
	相手を見て挨拶をしているか		
	相手より先に挨拶をしているか		
	お辞儀を伴った挨拶をしているか		
	直接の応対者でなくても挨拶をしているか		
表情	笑顔で応対しているか		
	表情に私的感情がでていないか		
	話しかけやすい表情をしているか		
	相手の話は真剣な顔で聞いているか		
身だしなみ	前髪は目にかかっていないか		
	髪型は乱れていないか／長い髪はまとめているか		
	髭の剃り残しはないか／化粧は健康的か		
	服は汚れていないか／清潔に手入れされているか		
	機能的で職業・立場に相応しい服装をしているか		
	華美なアクセサリーはつけていないか		
	爪は伸びていないか		
	靴下の色は適当か／ストッキングの色は自然な肌色か		
	靴の手入れは行き届いているか		
	ポケットに物を詰めすぎていないか		

	項　目	評　価	メ　モ
言葉遣い	専門用語を使わず，相手にわかる言葉で話しているか		
	状況や相手に相応しい敬語を正しく使っているか		
	相手の聞き取りやすい音量・速度で話しているか		
	語尾まで丁寧に話しているか		
	気になる言葉癖はないか		
動作	物の授受は両手で丁寧に実施しているか		
	案内・指し示し動作は適切か		
	キビキビとした動作を心がけているか		
心構え	勤務時間・指定時間の5分前には準備が完了しているか		
	心身ともに健康管理をしているか		
	仕事とプライベートの切替えができているか		

☑ 常に自己点検をするクセをつけよう

「人を表情やしぐさ，身だしなみなどの見かけで判断してはいけない」と一般にいわれている。確かに，人の個性は見かけだけではなく，内面においても見いだされるもの。しかし，私たちは人を第一印象である程度決めてしまう傾向がある。それが面接試験など初対面の場合であればなおさらだ。したがって，チェックリストにあるような挨拶，表情，身だしなみ等に注意して面接試験に臨むことはとても重要だ。ただ，これらは面接試験前にちょっと対策したからといって身につくようなものではない。付け焼き刃的な対策をして面接試験に臨んでも，面接官はあっという間に見抜いてしまう。日頃からチェックリストにあるような項目を意識しながら行動することが大事であり，そうすることで，最初はぎこちない挨拶や表情等も，その人の個性に応じたすばらしい所作へ変わっていくことができるのだ。さっそく，本日から実行してみよう。

面接試験において、印象を決定づける表情はとても大事。
どのようにすれば感じのいい表情ができるのか、ポイントを確認していこう。

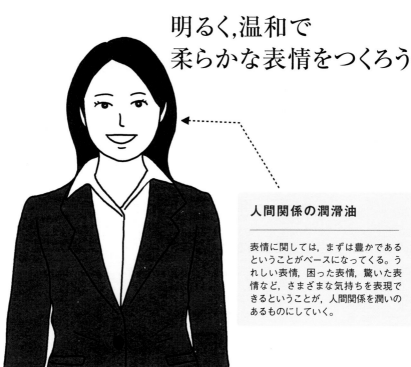

明るく、温和で柔らかな表情をつくろう

人間関係の潤滑油

表情に関しては、まずは豊かであるということがベースになってくる。うれしい表情、困った表情、驚いた表情など、さまざまな気持ちを表現できるということが、人間関係を潤いのあるものにしていく。

Point

　表情はコミュニケーションの大前提。相手に「いつでも話しかけてくださいね」という無言の言葉を発しているのが、就活に求められる表情だ。面接官が安心してコミュニケーションをとろうと思ってくれる表情。それが、明るく、温和で柔らかな表情となる。

いますぐデキる
カンタンTraining

Training **01**

喜怒哀楽を表してみよう

- 人との出会いを楽しいと思うことが表情の基本
- 表情を豊かにする大前提は相手の気持ちに寄り添うこと
- 目元・口元だけでなく，眉の動きを意識することが大事

Training **02**

表情筋のストレッチをしよう

- 表情筋は「ウイスキー」の発音によって鍛える
- 意識して毎日，取り組んでみよう
- 笑顔の共有によって相手との距離が縮まっていく

コミュニケーションは挨拶から始まり，その挨拶ひとつで印象は変わるもの。ポイントを確認していこう。

丁寧にしっかりと
はっきり挨拶をしよう

人間関係の第一歩

挨拶は心を開いて，相手に近づくコミュニケーションの第一歩。たかが挨拶，されど挨拶の重要性をわきまえて，きちんとした挨拶をしよう。形，つまり"技"も大事だが，心をこめることが最も重要だ。

Point

　挨拶はコミュニケーションの第一歩。相手が挨拶するのを待っているのは望ましくない。挨拶の際のポイントは丁寧であることと，はっきり声に出すことの2つ。丁寧な挨拶は，相手を大事にして迎えている気持ちの表れとなる。はっきり声に出すことで，これもきちんと相手を迎えていることが伝わる。また，相手もその応答として挨拶してくれることで，会ってすぐに双方向のコミュニケーションが成立する。

いますぐデキる
カンタンTraining

Training 01

３つのお辞儀をマスターしよう

① 会釈（15度）　　　② 敬礼（30度）　　　③ 最敬礼（45度）

・息を吸うことを意識してお辞儀をするとキレイな姿勢に
・目線は真下ではなく，床前方1.5m先ぐらいを見よう
・相手への敬意を忘れずに

Training 02

対面時は言葉が先，お辞儀が後

・相手に体を向けて先に自ら挨拶をする
・挨拶時，相手とアイコンタクトを
　しっかり取ろう
・挨拶の後に，お辞儀をする。
　これを「語先後礼」という

聞く姿勢

コミュニケーションは「話す」よりも「聞く」ことといわれる。相手が話しやすい聞き方の，ポイントを確認しよう。

受容の立場で
傾聴しよう

相手の話を受けとめる

話を聞くときは，やや前に傾く姿勢をとる。表情と姿勢が合わさることにより，話し手の心が開き「あれも，これも話そう」という気持ちになっていく。また，「はい」と一度のお辞儀で頷くと相手の話を受け止めているというメッセージにつながる。

Point

　話をすること，話を聞いてもらうことは誰にとってもプレッシャーを伴うもの。そのため，「何でも話して良いんですよ」「何でも話を聞きますよ」「心配しなくて良いんですよ」という気持ちで聞くことが大切になる。その気持ちが聞く姿勢に表れれば，相手は安心して話してくれる。

いますぐデキる
カンタンTraining

Training 01
頷きは一度で

- 相手が話した後に「はい」と
  一言発する
- 頷きすぎは逆効果

Training 02
目線は自然に

- 鼻の付け根あたりを見ると
  自然な印象に
- 目を見つめすぎるのはNG

Training 03
話の句読点で視線を移す

- 視線は話している人を見ることが基本
- 複数の人の話を聞くときは句読点を意識し，
  視線を振り分けることで聞く姿勢を表す

STEP4 伝わる話し方
実践編

自分の意思を相手に明確に伝えるためには，話し方が重要となる。はっきりと的確に話すためのポイントを確認しよう。

明るい発声を
心がけよう

ボリュームを意識して

話すときのポイントとしては，ボリュームを意識することが挙げられる。会議室の一番奥にいる人に声が届くように意識することで，声のボリュームはコントロールされていく。

Point

コミュニケーションとは「伝達」すること。どのようなことも，適当に伝えるのではなく，伝えるべきことがきちんと相手に届くことが大切になる。そのためには，はっきりと，分かりやすく，丁寧に，心を込めて話すこと。言葉だけでなく，表情やジェスチャーを加えることも有効。

220　第3章

いますぐデキる
カンタンTraining

Training 01
腹式呼吸で発声練習

- 「あえいうえおあお」と発声する
- 腹式呼吸は，胸部をなるべく動かさずに，息を吸うときにお腹や腰が膨らむよう意識する呼吸法

Training 02
早口言葉にチャレンジ

おあやや
母親に
お謝り

- 「おあやや，母親に，お謝り」と早口で
- 口がすぼまった「お」と口が開いた「あ」の発音に，変化をつけられるかがポイント

Training 03
ジェスチャーを有効活用

- 腰より上でジェスチャーをする
- 体から離した位置に手をもっていく
- ジェスチャーをしたら戻すところをさだめておく

身だしなみはその人自身を表すもの。身だしなみの基本について，ポイントを
確認しよう。

清潔感,さわやかさを
醸し出せるようにしよう

プロの企業人に
ふさわしい身だしなみを

信頼感，安心感をもたれる身だしな
みを考えよう。TPOに合わせた服装は，
すなわち"礼"を表している。そして，
身だしなみには，「清潔感」,「品のよさ」,
「控え目である」という，3つのポイ
ントがある。

Point

相手との心理的な距離や物理的な距離が遠ければ，コミュニケーションは
成立しにくくなる。見た目が不潔では誰も近付いてこない。身だしなみが
清潔であること，爽やかであることは相手との距離を縮めることにも繋がる。

いますぐデキる
カンタンTraining

Training 01

髪型，服装を整えよう

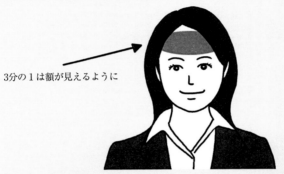

3分の1は額が見えるように

- 男性も女性も眉が見える髪型が望ましい。3分の1は額が見えるように。額は知性と清潔感を伝える場所。男性の髪の長さは耳や襟にかからないように
- スーツで相手の前に立つときは，ボタンはすべて留める。男性の場合は下のボタンは外す

Training 02

おしゃれとの違いを明確に

- 爪はできるだけ切りそろえる
- 爪の中の汚れにも注意
- ジェルネイル，ネイルアートはNG

Training 03

足元にも気を配って

- 女性の場合はパンプス，男性の場合は黒の紐靴が望ましい
- 靴はこまめに汚れを落とし見栄えよく

姿勢にはその人の意欲が反映される。前向き，活動的な姿勢を表すにはどうしたらよいか，ポイントを確認しよう。

前向き,活動的な姿勢を維持しよう

一直線と左右対称

正しい立ち姿として，耳，肩，腰，くるぶしを結んだ線が一直線に並んでいることが最大のポイントになる。そのラインが直線に近づくほど立ち姿がキレイに整っていることになる。また，"左右対称"というのもキレイな姿勢の要素のひとつになる。

Point

　姿勢は，身体と心の状態を反映するもの。そのため，良い姿勢でいることは，印象が清々しいだけでなく，健康で元気そうに見え，話しかけやすさにも繋がる。歩く姿勢，立つ姿勢，座る姿勢など，どの場面にも心身の健康状態が表れるもの。日頃から心身の健康状態に気を配り，フィジカルとメンタル両面の自己管理を心がけよう。

いますぐデキる

カンタンTraining

Training **01**

キレイな歩き方を心がけよう

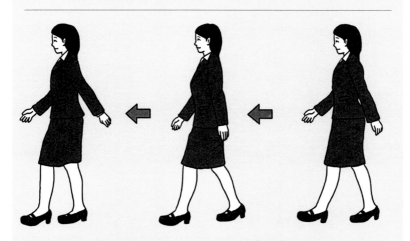

- ・女性は1本の線上を，男性はそれよりも太い線上を沿うように歩く
- ・一歩踏み出したときに前の足に体重を乗せるように，腰から動く
- ・12時の方向につま先をもっていく

Training **02**

前向きな気持ちを持とう

- ・常に前向きな気持ちが姿勢を正す
- ・ポジティブ思考を心がけよう

●情報提供のお願い●

　就職活動研究会では，就職活動に関する情報を募集しています。

　エントリーシートやグループディスカッション，面接，筆記試験の内容等について情報をお寄せください。ご応募はメールアドレス（edit@kyodo-s.jp）へお願いいたします。お送りくださいました方々には薄謝をさしあげます。

　ご協力よろしくお願いいたします。

会社別就活ハンドブックシリーズ

大和ハウス工業の
就活ハンドブック

編　者　就職活動研究会

発　行　令和6年2月25日

発行者　小貫輝雄

発行所　協同出版株式会社

〒101−0054
東京都千代田区神田錦町2−5
電話　03−3295−1341
振替　東京00190−4−94061

印刷所　協同出版・POD工場

落丁・乱丁はお取り替えいたします

●2025年度版●
会社別就活ハンドブックシリーズ
【全111点】

運　輸

東日本旅客鉄道の就活ハンドブック	小田急電鉄の就活ハンドブック
東海旅客鉄道の就活ハンドブック	阪急阪神 HD の就活ハンドブック
西日本旅客鉄道の就活ハンドブック	商船三井の就活ハンドブック
東京地下鉄の就活ハンドブック	日本郵船の就活ハンドブック

機　械

三菱重工業の就活ハンドブック	浜松ホトニクスの就活ハンドブック
川崎重工業の就活ハンドブック	村田製作所の就活ハンドブック
IHI の就活ハンドブック	クボタの就活ハンドブック
島津製作所の就活ハンドブック	

金　融

三菱 UFJ 銀行の就活ハンドブック	野村證券の就活ハンドブック
三菱 UFJ 信託銀行の就活ハンドブック	りそなグループの就活ハンドブック
みずほ FG の就活ハンドブック	ふくおか FG の就活ハンドブック
三井住友銀行の就活ハンドブック	日本政策投資銀行の就活ハンドブック
三井住友信託銀行の就活ハンドブック	

建設・不動産

三菱地所の就活ハンドブック	鹿島建設の就活ハンドブック
三井不動産の就活ハンドブック	大成建設の就活ハンドブック
積水ハウスの就活ハンドブック	清水建設の就活ハンドブック
大和ハウス工業の就活ハンドブック	

資源・素材

旭旭化成グループの就活ハンドブック	関西電力の就活ハンドブック
東レの就活ハンドブック	日本製鉄の就活ハンドブック
ワコールの就活ハンドブック	中部電力の就活ハンドブック

九州電力の就活ハンドブック

自動車

トヨタ自動車の就活ハンドブック

デンソーの就活ハンドブック

本田技研工業の就活ハンドブック

日産自動車の就活ハンドブック

商　社

三菱商事の就活ハンドブック

伊藤忠商事の就活ハンドブック

住友商事の就活ハンドブック

双日の就活ハンドブック

丸紅の就活ハンドブック

豊田通商の就活ハンドブック

三井物産の就活ハンドブック

情報通信・IT

NTT データの就活ハンドブック

サイバーエージェントの就活ハンドブック

NTT ドコモの就活ハンドブック

LINE ヤフーの就活ハンドブック

野村総合研究所の就活ハンドブック

SCSK の就活ハンドブック

日本電信電話の就活ハンドブック

富士ソフトの就活ハンドブック

KDDI の就活ハンドブック

日本オラクルの就活ハンドブック

ソフトバンクの就活ハンドブック

GMO インターネットグループ

楽天の就活ハンドブック

オービックの就活ハンドブック

mixi の就活ハンドブック

DTS の就活ハンドブック

グリーの就活ハンドブック

TIS の就活ハンドブック

食品・飲料

サントリー HD の就活ハンドブック

日本たばこ産業 の就活ハンドブック

味の素の就活ハンドブック

日清食品グループの就活ハンドブック

キリン HD の就活ハンドブック

山崎製パンの就活ハンドブック

アサヒグループ HD の就活ハンドブック

キユーピーの就活ハンドブック

生活用品

資生堂の就活ハンドブック

武田薬品工業の就活ハンドブック

花王の就活ハンドブック

電気機器

三菱電機の就活ハンドブック	パナソニックの就活ハンドブック
ダイキン工業の就活ハンドブック	富士通の就活ハンドブック
ソニーの就活ハンドブック	キヤノンの就活ハンドブック
日立製作所の就活ハンドブック	京セラの就活ハンドブック
ＮＥＣの就活ハンドブック	オムロンの就活ハンドブック
富士フイルム HD の就活ハンドブック	キーエンスの就活ハンドブック

保　　険

東京海上日動火災保険の就活ハンドブック	三井住友海上火災保険の就活ハンドブック
第一生命ホールディングスの就活ハンドブック	損保ジャパンの就活ハンドブック

メディア

日本印刷の就活ハンドブック	エイベックスの就活ハンドブック
博報堂 DY の就活ハンドブック	東宝の就活ハンドブック
TOPPAN ホールディングスの就活ハンドブック	

流通・小売

ニトリ HD の就活ハンドブック	ZOZO の就活ハンドブック
イオンの就活ハンドブック	

エンタメ・レジャー

オリエンタルランドの就活ハンドブック	任天堂の就活ハンドブック
アシックスの就活ハンドブック	カプコンの就活ハンドブック
バンダイナムコ HD の就活ハンドブック	セガサミー HD の就活ハンドブック
コナミグループの就活ハンドブック	タカラトミーの就活ハンドブック
スクウェア・エニックス HD の就活ハンドブック	

▼会社別就活ハンドブックシリーズにつきましては，協同出版のホームページからもご注文ができます。詳細は下記のサイトでご確認下さい。

https://kyodo-s.jp/examination_company